GRAMMAR STUDY WITH 1001 SENTENCES
FOR ELEMENTARY ENGLISH LEARNERS

CEDU 쎄듀는 A **C**omprehensive **E**nglish e**DU**cation(종합적 영어교육)의 약자입니다.

펴낸이	김기훈 · 김진희
펴낸곳	(주)쎄듀 / 서울시 강남구 논현로 305 (역삼동)
발행일	2017년 1월 31일 초판 1쇄
내용문의	www.cedubook.com
구입문의	콘텐츠 마케팅 사업본부
	Tel. 02-6241-2007
	Fax. 02-2058-0209
등록번호	제 22-2472호
ISBN	978-89-6806-087-8

천일문
grammar

세이펜과
초등코치 천일문 Grammar의 만남!

✦ ✦ ✦

〈초등코치 천일문 Grammar〉는 세이펜이 적용된 도서입니다.
세이펜을 영어에 가져다 대기만 하면 원어민이 들려주는
생생한 영어 발음과 억양을 바로 확인할 수 있습니다.

초등코치 천일문 시리즈
with 세이펜

원어민 음성을 실시간 반복학습	선생님 설명 듣기로 혼자서도 쉽게 학습	연습문제 실시간 정답 확인 및 한글 해석 듣기 가능

초등코치 천일문 시리즈 Sentence 1권~5권, Grammar 1권~3권, Voca&Story 1권~2권 모두
세이펜을 활용하여 원어민 MP3 음성 재생 서비스를 이용할 수 있습니다.
(책 앞면 하단에 세이펜 로고 SAYPEN TV 가 있습니다.)

세이펜 핀파일 다운로드 안내

STEP ① 세이펜과 컴퓨터를 USB 케이블로 연결하세요.

STEP ② 쎄듀북 홈페이지(www.cedubook.com)에 접속 후, 학습자료실 메뉴에서 학습할 교재를 찾아 이동합니다.

> 초·중등교재 ▶ 문법 ▶ 학습교재 클릭 ▶ 세이펜 핀파일 자료 클릭
> ▶ 다운로드 (저장을 '다른 이름으로 저장'으로 변경하여 저장소를 USB로 변경) ▶ 완료

STEP ③ 음원 다운로드가 완료되면 세이펜과 컴퓨터의 USB 케이블을 분리하세요.

STEP ④ 세이펜을 분리하면 "시스템을 초기화 중입니다. 잠시만 기다려 주세요" 라는 멘트가 나옵니다.

STEP ⑤ 멘트 종료 후 세이펜을 〈초등코치 천일문 Grammar〉 표지의 제목 부분에 대보세요.
효과음이 나온 후 바로 학습을 시작할 수 있습니다.

참고사항

◆ 세이펜에서 제작된 모든 기종(기존에 보유하고 계신 기종도 호환 가능)으로 사용이 가능합니다.
　단, Sentence 교재의 Role-Play 기능은 레인보우 SBS-1000 기종에서만 구동됩니다. (신규 구매자는 SBS-1000 이후 모델의 구매를 권장합니다.)
◆ 모든 기종은 세이펜에서 권장하는 최신 펌웨어 업데이트를 진행해 주시기 바랍니다. 업데이트는 세이펜 홈페이지(www.saypen.com)에서 가능합니다.
◆ 초등코치 천일문 시리즈의 핀파일은 쎄듀북 홈페이지(www.cedubook.com)와 세이펜 홈페이지(www.saypen.com)에서 모두 다운로드 가능합니다.
◆ 세이펜을 이용하지 않는 학습자는 쎄듀북 홈페이지 부가학습자료, 교재 내 QR코드 이미지 등을 활용하여 원어민 음성으로 학습하실 수 있습니다.
◆ 기타 문의사항은 www.cedubook.com / 02-3272-4766으로 연락 바랍니다.

저자

김기훈 現 ㈜ 쎄듀 대표이사
現 메가스터디 영어영역 대표강사
前 서울특별시 교육청 외국어 교육정책자문위원회 위원

저서 천일문 / 천일문 Training Book / 천일문 GRAMMAR / 초등코치 천일문
어법끝 / 어휘끝 / 첫단추 / 쎈쓰업 / 파워업 / 빈칸백서 / 오답백서
쎄듀 본영어 / 문법의 골든룰 101 / ALL씀 서술형 / 수능실감
거침없이 Writing / Grammar Q / Reading Q / Listening Q
왓츠 그래머 / 왓츠 리딩 / 패턴으로 말하는 초등 필수 영단어 등

쎄듀 영어교육연구센터
쎄듀 영어교육센터는 영어 콘텐츠에 대한 전문지식과 경험을 바탕으로
최고의 교육 콘텐츠를 만들고자 최선의 노력을 다하는 전문가 집단입니다.

인지영 책임연구원 · **장혜승** 선임연구원

마케팅	콘텐츠 마케팅 사업본부
영업	문병구
제작	정승호
인디자인 편집	로즈앤북스
표지 디자인	윤혜영
내지 디자인	에피그램
영문교열	Eric Scheusner

Foreword

〈초등코치 천일문 GRAMMAR〉 시리즈를 펴내며

초등 영문법, 어떻게 시작해야 할까요?

자녀가 어린 시기에는 대부분 영어를 재미있게 접했으면 하는 마음에서 회화나 스토리 읽기 위주의 학습을 합니다. 그런데 초등 고학년이 될수록 중학교 내신을 위해 문법 공부를 시작해야 한다는 조급함이 들기 시작하지요. 아이들에게도 갑자기 외워야 하는 많은 '문법 규칙'이 어렵게만 느껴집니다.

어떻게 하면 아이가 문법 규칙을 억지로 외우지 않고도 자연스럽게 이해할 수 있을까요? 바로 다양한 영어 문장을 통해 그 안에 있는 문법 규칙을 스스로 찾아보고 깨우치는 방법입니다. 수동적인 학습이 아니기에 아이 스스로 능동적으로 학습에 참여할 수 있으며, 찾아낸 규칙을 적용해보는 과정에서 문법에 대한 자신감도 키워갈 수 있습니다.

〈초등코치 천일문 GRAMMAR〉 시리즈는 **1,001개 예문을 통해 초등 필수 영문법은 물론 중학 기초 문법 사항까지 자연스럽게 익힐 수 있도록** 구성되었습니다.

| 문장을 통해 스스로 문법 규칙을 발견합니다.

스스로 발견한 규칙은 제시된 규칙을 암기하는 것보다 학습한 내용을 확실하게 자기 것으로 만들 수 있습니다. 규칙을 발견하기 위해 능동적으로 학습에 참여하고 노력하는 과정을 통해 머릿속 깊이 기억됩니다. 〈초등코치 천일문 GRAMMAR〉 시리즈는 암기식 학습보다는 이해를 동반한 참여 학습이 가능하도록 구성되었습니다.

| 발견 – 적용 – 확인의 3단계 구성으로 문법을 확실하게 익힐 수 있습니다.

1단계 Find the Rule에서는 영어 문장들을 통해 문법 규칙을 발견할 수 있도록 하였으며, **2단계** Apply the Rule에서는 앞에서 발견한 규칙들을 바로 적용해 볼 수 있도록 했습니다. **3단계** Check the Rule Again에서는 다시 한 번 규칙을 정리해 볼 수 있습니다. 이러한 3단계 구성은 자연스럽게 문법 규칙이 머릿속에 기억될 수 있도록 도와줄 것입니다.

〈초등코치 천일문 GRAMMAR〉 시리즈를 통해 문법 규칙을 확실하게 자기 것으로 만듦으로써 탄탄한 기초를 세울 수 있을 것 입니다. 〈초등코치 천일문 GRAMMAR〉 시리즈와의 만남을 통해 영어 학습이 더욱더 쉬워지고 즐거워지는 경험을 꼭 할 수 있기를 희망합니다.

저 자

Preview

QR코드
휴대폰을 통해 QR 코드를 인식하면, 본문의 예문 MP3 파일이 재생됩니다.

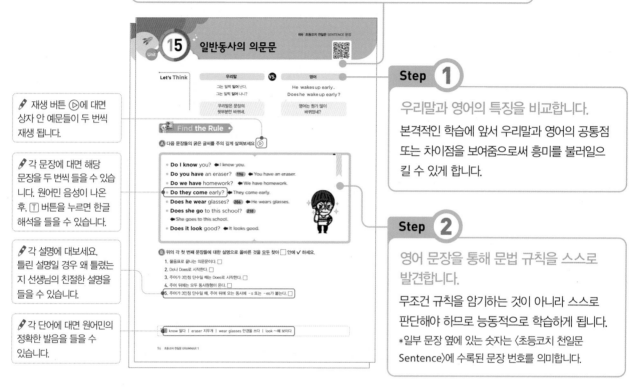

🖋 재생 버튼 ▶에 대면 상자 안 예문들이 두 번씩 재생 됩니다.

🖋 각 문장에 대면 해당 문장을 두 번씩 들을 수 있습니다. 원어민 음성이 나온 후, T 버튼을 누르면 한글 해석을 들을 수 있습니다.

🖋 각 설명에 대보세요. 틀린 설명일 경우 왜 틀렸는지 선생님의 친절한 설명을 들을 수 있습니다.

🖋 각 단어에 대면 원어민의 정확한 발음을 들을 수 있습니다.

Step 1
우리말과 영어의 특징을 비교합니다.
본격적인 학습에 앞서 우리말과 영어의 공통점 또는 차이점을 보여줌으로써 흥미를 불러일으킬 수 있게 합니다.

Step 2
영어 문장을 통해 문법 규칙을 스스로 발견합니다.
무조건 규칙을 암기하는 것이 아니라 스스로 판단해야 하므로 능동적으로 학습하게 됩니다.
*일부 문장 옆에 있는 숫자는 〈초등코치 천일문 Sentence〉에 수록된 문장 번호를 의미합니다.

Step 3
발견한 문법 규칙을 적용해봅니다.
Find the Rule에서 발견한 규칙을 바로 적용해봄으로써 머릿속에 효과적으로 각인시킬 수 있습니다.

Step 4
간단한 확인 문제를 풉니다.
기본 문제를 통해 규칙을 바르게 익혔는지 확인할 수 있습니다.

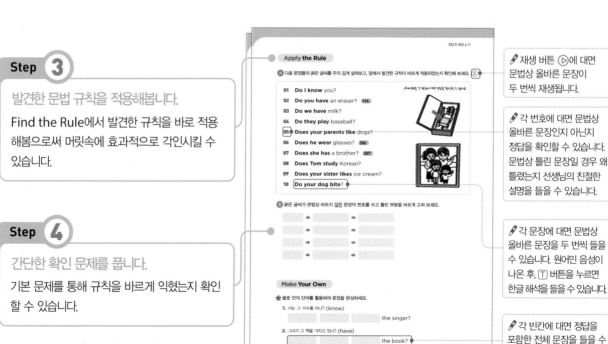

🖋 재생 버튼 ▶에 대면 문법상 올바른 문장이 두 번씩 재생됩니다.

🖋 각 번호에 대면 문법상 올바른 문장인지 아닌지 정답을 확인할 수 있습니다. 문법상 틀린 문장일 경우 왜 틀렸는지 선생님의 친절한 설명을 들을 수 있습니다.

🖋 각 문장에 대면 문법상 올바른 문장을 두 번씩 들을 수 있습니다. 원어민 음성이 나온 후, T 버튼을 누르면 한글 해석을 들을 수 있습니다.

🖋 각 빈칸에 대면 정답을 포함한 전체 문장을 들을 수 있습니다.

🖊 재생 버튼 ▷에 대면
모든 예문이 두 번씩 재생
됩니다.

🖊 각 문장에 대면 해당
문장을 두 번씩 들을 수
있습니다.

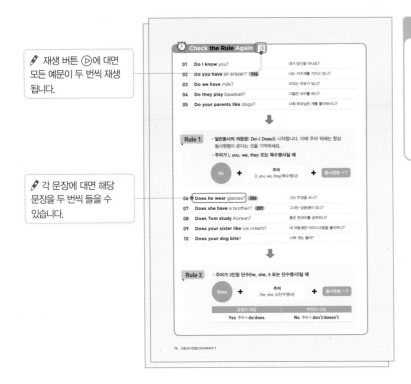

Step ⑤

올바른 문장을 확인하고, 문법 규칙을
정리합니다.

Apply the Rule에서 틀린 문장을 제대로
고쳤는지 점검합니다. 한눈에 알기 쉽게 정리된
규칙을 보고 최종 학습합니다.

Step ⑥

다양한 문제를 통해 문법 규칙을 적용합니다.
문법을 확실하게 익힐 수 있는 다양한 유형의 문제를 풀어
봅니다.

Step ⑦

워크북으로 문법 규칙을 마스터합니다.
부족했던 부분은 워크북을 통해 충분히 연습할 수 있습니다.

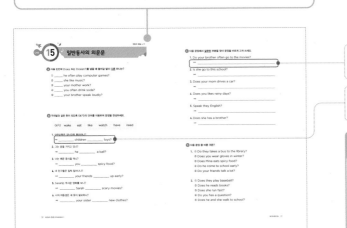

🖊 각 문장에 대면 정답을
포함한 문장을 들을 수 있습니
다. 원어민 음성이 나온 후,
T 버튼을 누르면 한글 해석을
들을 수 있습니다.

🖊 각 빈칸에 대면 정답을
확인할 수 있습니다. 원어민
음성이 나온 후, T 버튼을
누르면 한글 해석을 들을
수 있습니다. (문제에 한글
해석이 없을 경우)

🖊 각 빈칸에 대면 정답을 확인할 수 있습니다. 원어민 음성이 나온 후,
T 버튼을 누르면 한글 해석을 들을 수 있습니다. (문제에 한글 해석이 없을 경우)

🖊 각 문장에 대면 정답을 포함한 문장을 들을 수 있습니다. 원어민 음성이
나온 후, T 버튼을 누르면 한글 해석을 들을 수 있습니다.

Step ⑧

무료 부가서비스 자료로 완벽하게 복습합니다.

1. 어휘리스트   2. 어휘테스트   3. MP3 파일

*모든 자료는 www.cedubook.com에서 다운로드 가능합니다.

세이펜
활용하기

〈초등코치 천일문 Grammar〉는 세이펜이 적용된 도서입니다. 세이펜을 영어에 가져다 대기만 하면
원어민이 들려주는 생생한 영어 발음과 억양을 바로 확인할 수 있습니다.

Contents 📖

〈초등코치 천일문 GRAMMAR 1〉 목차

Unit 01	셀 수 있는 명사	12
Unit 02	셀 수 없는 명사	18
Unit 03	a/an, the (관사)	24
Unit 04	인칭대명사 – 주격	30
Unit 05	인칭대명사 – 목적격/소유격/소유대명사	36
Unit 06	지시대명사와 지시형용사	42
Unit 07	be동사의 긍정문	48
Unit 08	be동사 다음에 오는 말	54
Unit 09	be동사의 부정문	60
Unit 10	be동사의 의문문	66

〈초등코치 천일문 GRAMMAR 2〉 목차

Unit 01	조동사 can/may	Unit 11	현재진행형
Unit 02	조동사 must/should	Unit 12	과거진행형
Unit 03	조동사의 부정문	Unit 13	의문사 + be동사 의문문
Unit 04	조동사의 의문문	Unit 14	의문사 + 일반동사 의문문
Unit 05	be동사의 과거형	Unit 15	whose/which/what + 명사 의문문
Unit 06	be동사 과거형의 부정문과 의문문	Unit 16	how + 형용사/부사 의문문
Unit 07	일반동사의 과거형	Unit 17	what/how 감탄문
Unit 08	일반동사 과거형의 부정문과 의문문	Unit 18	명령문
Unit 09	미래표현	Unit 19	제안문
Unit 10	미래표현의 부정문과 의문문		

Unit 11	비인칭 주어 it	72
Unit 12	There is/There are	78
Unit 13	일반동사의 긍정문	84
Unit 14	일반동사의 부정문	90
Unit 15	일반동사의 의문문	96
Unit 16	형용사	102
Unit 17	many/much, some/any, all/every	108
Unit 18	부사	114
Unit 19	빈도부사	120
Unit 20	전치사	126

책속책 WORKBOOK | 정답과 해설

〈초등코치 천일문 GRAMMAR 3〉 목차

Unit 01	동명사 주어		Unit 11	부가의문문
Unit 02	동명사 목적어		Unit 12	접속사 and/but/or
Unit 03	to부정사 목적어		Unit 13	명령문, and/or ~
Unit 04	to부정사의 부사적 역할 (목적)		Unit 14	접속사 that
Unit 05	2형식과 감각동사		Unit 15	접속사 when/because
Unit 06	3형식		Unit 16	원급
Unit 07	4형식		Unit 17	비교급
Unit 08	주어 자리에 오는 것		Unit 18	최상급
Unit 09	보어 자리에 오는 것			
Unit 10	목적어 자리에 오는 것			

Study Plan

<초등코치 천일문 GRAMMAR 1> 학습 계획표

★ 20일 완성!

	Unit	공부한 날짜	
1일차	Unit 01 / 워크북	월	일
2일차	Unit 02 / 워크북	월	일
3일차	Unit 03 / 워크북	월	일
4일차	Unit 04 / 워크북	월	일
5일차	Unit 05 / 워크북	월	일
6일차	Unit 06 / 워크북	월	일
7일차	Unit 07 / 워크북	월	일
8일차	Unit 08 / 워크북	월	일
9일차	Unit 09 / 워크북	월	일
10일차	Unit 10 / 워크북	월	일
11일차	Unit 11 / 워크북	월	일
12일차	Unit 12 / 워크북	월	일
13일차	Unit 13 / 워크북	월	일
14일차	Unit 14 / 워크북	월	일
15일차	Unit 15 / 워크북	월	일
16일차	Unit 16 / 워크북	월	일
17일차	Unit 17 / 워크북	월	일
18일차	Unit 18 / 워크북	월	일
19일차	Unit 19 / 워크북	월	일
20일차	Unit 20 / 워크북	월	일

★ 10일 완성!

	Unit	공부한 날짜	
1일차	Unit 01, 02 / 워크북	월	일
2일차	Unit 03, 04 / 워크북	월	일
3일차	Unit 05, 06 / 워크북	월	일
4일차	Unit 07, 08 / 워크북	월	일
5일차	Unit 09, 10 / 워크북	월	일
6일차	Unit 11, 12 / 워크북	월	일
7일차	Unit 13, 14 / 워크북	월	일
8일차	Unit 15, 16 / 워크북	월	일
9일차	Unit 17, 18 / 워크북	월	일
10일차	Unit 19, 20 / 워크북	월	일

단어

뜻을 가진 말의 가장 작은 단위예요. 알파벳들이 모여서 뜻을 가지는 하나의 단어를 만들어요.

house 집　　**dog** 개　　**present** 선물

문장

여러 개의 단어가 일정한 규칙에 따라 배열되어 하나의 '문장'을 만들어요.
문장은 완전한 내용을 나타내는 가장 작은 단위예요.

I like a dog. 나는 개를 좋아한다.

품사

문장을 이루는 가장 작은 단위인 '단어'를 문법적인 기능에 따라 분류한 것이 바로 품사예요.

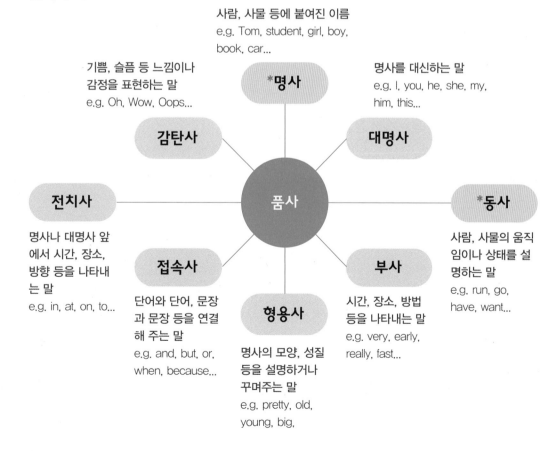

사람, 사물 등에 붙여진 이름
e.g. Tom, student, girl, boy, book, car...

*명사

명사를 대신하는 말
e.g. I, you, he, she, my, him, this...

대명사

기쁨, 슬픔 등 느낌이나 감정을 표현하는 말
e.g. Oh, Wow, Oops...

감탄사

품사

*동사

사람, 사물의 움직임이나 상태를 설명하는 말
e.g. run, go, have, want...

전치사 앞에서 시간, 장소, 방향 등을 나타내는 말
e.g. in, at, on, to...

전치사

접속사

단어와 단어, 문장과 문장 등을 연결해 주는 말
e.g. and, but, or, when, because...

형용사

명사의 모양, 성질 등을 설명하거나 꾸며주는 말
e.g. pretty, old, young, big,

부사

시간, 장소, 방법 등을 나타내는 말
e.g. very, early, really, fast...

*모든 문장에는 반드시 '명사'와 '동사'가 있어야 해요.

아래 문장들에서 각 품사를 한번 확인해 볼까요?

- (Tom) is (my) (friend.) (He) is (very) (nice). 톰은 내 친구이다. 그는 매우 친절하다.
  명사 동사 대명사 명사 대명사   부사 형용사

- An (elephant) (is) (large,) (but) a (mouse) is (small). 코끼리는 크지만, 쥐는 작다.
  명사   동사 형용사 접속사   명사   형용사

- (I) (have) (homework) (today.) 나는 오늘 숙제가 있다.
  대명사 동사   명사   부사

- (Oh,) (I) (am) (sorry.) 오, 미안합니다.
  감탄사 대명사 동사 형용사

- A (book) (is) (on) the (table.) 책 한 권이 테이블 위에 있다.
  명사 동사 전치사   명사

문장을 이루는 성분

영어의 문장은 주어와 동사가 기본 요소가 돼요. 동사의 의미와 성격에 따라 그 뒤에
목적어가 오기도 하고 보어가 오기도 해요.

문장을 이루는 기본 단위

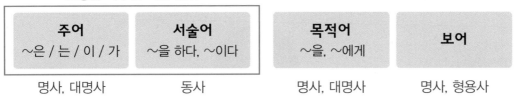

주어 ~은 / 는 / 이 / 가	서술어 ~을 하다, ~이다	목적어 ~을, ~에게	보어
명사, 대명사	동사	명사, 대명사	명사, 형용사

1. 주어란?

문장의 주인을 말해요. 품사 중에서 명사나 대명사가 주어 역할을 해요.
The girl is my sister. 그 여자아이는 내 동생이다.
　　주어

10

2. 서술어란?

주어가 하는 행동이나 주어의 상태를 나타내요. 품사 중에서 동사가 서술어의 역할을 해요.

I like a cat. 나는 고양이를 좋아한다.
　서술어

3. 목적어란?

동사가 나타내는 동작의 대상이 되는 말이에요. 주어가 '무엇을' 하는지 나타내요.
품사 중에서 명사나 대명사가 목적어 역할을 해요.

I like a cat. 나는 고양이를 좋아한다.
　　　목적어

4. 보어란?

주어나 목적어의 의미를 보충해서 설명해줘요. 보어 자리에는 명사와 형용사가 올 수 있어요.

The girl is my sister. 그 여자아이는 내 동생이다.
　주어　　　　보어(주어 **The girl**을 보충 설명)

We are happy. 우리는 행복하다.
　주어　　　보어(주어 **We**를 보충 설명)

Let's Start!

Unit 01 셀 수 있는 명사

Let's Think

| 우리말 | VS. | 영어 |

우리말

걔네들은 나랑 가장 친한 **친구들**이야.
세 개의 **상자들**이 있어.

우리말에서는 여럿을 나타낼 때
'~들'을 붙이지.

영어

They are my best **friends**.
There are three **boxes**.

영어에서는 명사 뒤에
−s가 붙기도 하고 −es가 붙기도 하네!

 Find the Rule

Ⓐ 다음 문장들의 굵은 글씨를 주의 깊게 살펴보세요. ▷

- I have two best **friends**. 138
- I started taking after-school **classes**. 632
- **Dishes** are in the kitchen.
- There are many **churches** in this town.
- There are three **boxes**.
- I like to hear scary **stories**. 693
- I like **potatoes**.
- There are **wolves** in the forest.
- We need **knives** and forks.

Ⓑ 위 문장들의 굵은 글씨에 대한 설명으로 올바른 것을 <u>모두</u> 찾아 ☐ 안에 ✔ 하세요.

1. '하나, 둘, 셋 ...'하고 개수를 셀 수 있다. ☐

2. 각각 friend, class, dish, church, box, story, potato, wolf, knife의 모양이 바뀐 것이다. ☐

3. −s 또는 −es가 붙어 있다. ☐

4. −s, −sh, −ch, −x로 끝나는 단어 뒤에는 −es가 붙는다. ☐

5. 「자음 + −y」로 끝나는 단어는 y 뒤에 −es가 붙는다. ☐

6. 「자음 + −o」로 끝나는 단어 뒤에는 −es가 붙는다. ☐

7. −f, −fe로 끝나는 단어는 f(e)가 v로 바뀌고 −es가 붙는다. ☐

📖 start 시작하다 | after−school class 방과 후 수업 | dish 접시 | kitchen 부엌 | box 상자 | like 좋아하다
hear 듣다 | scary 무서운 | story 이야기 | potato 감자 | wolf 늑대 | forest 숲 | knife 칼, 나이프

Apply **the Rule**

A 다음 문장들의 굵은 글씨를 주의 깊게 살펴보고, 앞에서 발견한 규칙이 바르게 적용되었는지 확인해 보세요. ▷

> 🖊️ 세이펜을 각 번호에 대면 정답을 확인할 수 있어요.

01   I hate **carrots**.　171

02   I am scared of **bugs**.　033

03   She has many **friends**.　147

04   I hate rainy **daies**.　174

05   American school **buses** are yellow.

06   **Dishes** are in the kitchen.

07   There are many **churchs** in this town.

08   **Babys** are very cute.

09   I like **tomatoes**.

10   We need **knifes** and forks.

B 굵은 글씨가 문법상 바르지 <u>않은</u> 문장의 번호를 쓰고 틀린 부분을 바르게 고쳐 보세요.

	➡		➡	
	➡		➡	
	➡		➡	
	➡		➡	

Make **Your Own**

⭐ 괄호 안의 단어를 활용하여 문장을 완성하세요.

1. 나는 사탕들을 좋아한다. (candy)

　I like _____ .

2. 나뭇잎들은 여름에 초록색이다. (leaf)

　The _____ are green in summer.

Check the Rule Again

01	I hate **carrots**. `171`	나는 당근을 싫어한다.
02	I am scared of **bugs**. `033`	나는 벌레를 무서워한다.
03	She has many **friends**. `147`	그녀는 친구들이 많이 있다.
04	I hate rainy **days**. `174`	나는 비오는 날을 싫어한다.
05	American school **buses** are yellow.	미국 학교 버스는 노란색이다.
06	**Dishes** are in the kitchen.	접시들은 부엌에 있다.
07	There are many **churches** in this town.	이 마을에는 교회들이 많이 있다.
08	**Babies** are very cute.	아기들은 정말 귀엽다.
09	I like **tomatoes**.	나는 토마토를 좋아한다.
10	We need **knives** and forks.	우리는 칼과 포크가 필요하다.

Rule

셀 수 있는 명사의 형태	복수형으로 만드는 규칙
대부분의 명사	**+-s** friend**s**, carrot**s**, bug**s**, day**s**
-s, -sh, -ch, -x로 끝나는 명사	**+-es** class**es**, bus**es**, dish**es**, church**es**, box**es**
「자음+-y」로 끝나는 명사	**-y → -ies** stor**ies**, bab**ies**
「자음+-o」로 끝나는 명사	**+-es** potato**es**, tomato**es** (*예외 pianos, photos)
-f, -fe로 끝나는 명사	**-f(e) → -ves** wol**ves**, kni**ves** (*예외 roofs)

• 불규칙하게 변하는 명사들도 있습니다. 꼭 기억해 두세요.

불규칙하게 변하는 명사	man-m**en**, woman-wom**en**, foot-f**ee**t, tooth-t**ee**th, child-child**ren**, mouse-m**ice**
단수 - 복수 모양이 같은 명사	fish-**fish**, sheep-**sheep**, deer-**deer**

Exercises

A 다음 명사의 복수형으로 알맞은 것을 고르세요.

1. book (bookies / bookes / **books**)

2. fox (foxs / **foxes** / foxies)

3. house (**houses** / housies / house)

4. city (**cities** / citys / cityes)

5. child (childs / **children** / childrens)

6. deer (deers / deeres / **deer**)

7. mouse (mouses / **mice** / mouse)

8. girl (**girls** / girl / girles)

9. carrot (**carrots** / carrotes / carrot)

10. monkey (monkeyes / monkeies / **monkeys**)

B 다음 명사의 복수형을 쓰세요.

1. bird ➡   6. woman ➡

2. sister ➡   7. boy ➡

3. glass ➡   8. fish ➡

4. leaf ➡   9. bus ➡

5. movie ➡   10. toy ➡

A fox 여우 | child 아이 | deer 사슴 | carrot 당근 | monkey 원숭이   **B** bird 새 | glass (유리)잔 | leaf 나뭇잎

C 다음 ( ) 안에서 알맞은 것을 고르세요.

1. I have three (classis / classes) today.

2. I want (oranges / orangies).

3. She has two (brother / brothers).

4. I like (tomatos / tomatoes).

5. I see many (sheep / sheeps).

6. He has big (foots / feet).

7. My mom buys (beanes / beans).

8. (Deer / Deers) run fast.

9. The (photos / photoes) are on the table.

10. Three (mouses / mice) eat cheese.

D 다음 밑줄 친 부분을 복수명사로 고쳐 쓰세요.

1. The <u>baby</u> cry.   ➡

2. They ride their <u>bike</u>.   ➡

3. There are <u>butterfly</u>.   ➡

4. She has many <u>friend</u>.   ➡

5. There are three <u>child</u>.   ➡

📖 **C** class 수업 | today 오늘 | want 원하다 | orange 오렌지 | sheep 양 | foot 발 | buy 사다 | bean 콩
run 달리다 | fast 빨리 | photo 사진 **D** cry 울다 | ride 타다 | bike 자전거 | butterfly 나비

E 다음 우리말과 같은 뜻이 되도록 다음 문장의 빈칸에 주어진 명사의 알맞은 복수형을 쓰세요.

1. 그는 손목시계를 많이 가지고 있다. (watch)
   ➡ He has many _____.

2. 칼들이 테이블 위에 있다. (knife)
   ➡ The _____ are on the table.

3. 아이들은 공원에서 논다. (kid)
   ➡ The _____ play in the park.

4. 두 개의 감자가 가방 안에 있다. (potato)
   ➡ Two _____ are in the bag.

5. 나는 세 개의 우산을 가지고 있다. (umbrella)
   ➡ I have three _____.

F 다음 밑줄 친 부분을 바르게 고치세요.

1. She brushes her <u>tooths</u>.   ➡

2. My sister has five <u>candys</u>.   ➡

3. Three <u>chair</u> are in the room.   ➡

4. I have ten <u>finger</u>.   ➡

5. <u>Leafs</u> are on the ground.   ➡

6. I like <u>strawberrys</u>.   ➡

📖 **F** brush 닦다, 솔질하다 | tooth 치아 | finger 손가락 | ground 땅 | strawberry 딸기

Unit 02 셀 수 없는 명사

Let's Think

우리말	**VS.**	영어
케이크, 종이		two cakes (X), two papers (X)

우리말에서는 '하나, 둘, 셋 ...' 하고 셀 수 있을 것 같은데?

셀 수 있는 명사에는 −(e)s를 붙일 수 있다고 했는데, 영어에서는 케이크랑 종이를 셀 수 없나 봐!

 Find the Rule

Ⓐ 다음 문장들의 굵은 글씨를 주의 깊게 살펴보세요. ▷

- I want some cold **water**. 153
- Put **sugar** and **salt** in a bowl.
- **Jenny** is my friend.
- I live in **Seoul**.
- Good **luck** on your exam.
- I have **homework** today.

Ⓑ 위 문장들의 굵은 글씨에 대한 설명으로 올바른 것을 모두 찾아 ☐ 안에 ✔ 하세요.

1. '하나, 둘, 셋 ...'하고 개수를 셀 수 없다. ☐
2. 사람 이름, 지역 이름을 나타내는 명사의 첫 글자는 소문자이다. ☐
3. 앞에 a나 an이 없다. ☐
4. 복수를 나타내는 −s나 −es가 붙어 있지 않다. ☐
5. 문장 맨 처음에 온 경우 뒤에 be동사 is가 온다. ☐

📖📖 some 약간의 | cold 차가운 | water 물 | put 넣다 | sugar 설탕 | salt 소금 | bowl 그릇 | live 살다
good 좋은 | luck 행운, 운 | exam 시험 | homework 숙제

Apply **the Rule**

A 다음 문장들의 굵은 글씨를 주의 깊게 살펴보고, 앞에서 발견한 규칙이 바르게 적용되었는지 확인해 보세요. ▷

> *✎ 세이펜을 각 번호에 대면 정답을 확인할 수 있어요.*
>
> **01** I want some cold **water**. `153`
>
> **02** **Milk** is good for your bones.
>
> **03** Put **sugar** and **salt** in a bowl.
>
> **04** I like **breads**.
>
> **05** **Jenny** is my friend.
>
> **06** I live in **seoul**.
>
> **07** I study **English** every day.
>
> **08** This is big **news**! `001`
>
> **09** Good **lucks** on your exam.
>
> **10** I have **a homework** today.

B 굵은 글씨가 문법상 바르지 <u>않은</u> 문장의 번호를 쓰고 틀린 부분을 바르게 고쳐 보세요.

	➡		➡	
	➡		➡	
	➡		➡	
	➡		➡	

Make **Your Own**

⭐ 괄호 안의 단어를 활용하여 문장을 완성하세요.

1. 나는 사과 두 개와 빵을 조금 먹었다. (apple, bread)

   I ate two _____ and some _____ .

2. 좋은 소식이 많이 있다. (news)

   There is a lot of good _____ .

Check the Rule Again

01 I want some cold **water**. `153`   나는 차가운 물을 좀 마시고 싶다.

02 **Milk** is good for your bones.   우유는 당신의 뼈에 좋다.

03 Put **sugar** and **salt** in a bowl.   그릇에 설탕과 소금을 넣으세요.

04 I like **bread**.   나는 빵을 좋아한다.

05 **Jenny** is my friend.   제니는 내 친구이다.

06 I live in **Seoul**.   나는 서울에 산다.

07 I study **English** every day.   나는 매일 영어를 공부한다.

08 This is big **news**! `001`   이건 중요한 소식이야!

09 Good **luck** on your exam.   시험 잘 봐.

10 I have **homework** today.   나는 오늘 숙제가 있다.

Rule 1 · 셀 수 없는 명사

일정한 모양이 없거나 알갱이가 너무 작은 것	butter 버터 sugar 설탕	bread 빵 salt 소금	gold 금 rice 쌀
액체, 기체	water 물 air 공기	milk 우유	juice 주스
사람이나 지역 이름, 요일, 월, 언어 등 (고유명사)	Jenny 제니 Monday 월요일 *고유명사의 첫 글자는 항상 대문자로 써요.	Seoul 서울 January 1월	France 프랑스 English 영어
만질 수 없거나 눈에 보이지 않는 것	love 사랑 peace 평화	hope 희망 news 뉴스	luck 행운, 운 homework 숙제
과목, 운동	math 수학 baseball 야구	music 음악 soccer 축구	art 미술

Rule 2 · 셀 수 없는 명사 앞에는 a나 an을 쓸 수 없고, 복수형도 없어요.

 + 　셀 수 없는 명사　 + 복수형을 만드는 ~~-s나~~ ~~es~~

(관사 ▶ Unit 03)

Exercises

A 다음 단어들 중 셀 수 없는 명사를 고르세요.

1. piano / water / apple

2. egg / house / Korea

3. teacher / soup / bag

4. book / hope / friend

5. rice / car / banana

6. person / cat / time

7. train / beauty / flower

8. Eric / country / cup

9. gold / desk / pineapple

10. nurse / news / window

B 다음 각 문장에서 셀 수 있는 명사에 ○, 셀 수 없는 명사에 △하세요.

1. I eat bread and potatoes.

2. I like soccer and baseball.

3. Knives and milk are on the table.

4. He has books and money.

5. I like music and art.

A piano 피아노 | teacher 선생님 | soup 수프 | banana 바나나 | person 사람 | time 시간 | train 기차
beauty 아름다움 | flower 꽃 | country 나라 | desk 책상 | pineapple 파인애플 | nurse 간호사
window 창문　**B** eat 먹다

C 다음 중 첫 글자를 대문자로 써야 하는 단어를 찾아 바르게 고쳐 쓰세요.

1. sugar / seoul / class　　➡　

2. key / john / coffee　　➡　

3. english / hand / movie　　➡　

4. juice / hope / april　　➡　

5. children / monday / love　　➡　

6. milk / chair / china　　➡　

D 셀 수 있는 명사와 셀 수 없는 명사를 알맞게 분류하여 표를 완성하세요.

rice	bird	coin	Japan	story
day	help	elephant	student	beef
rain	bus	love	May	desk

셀 수 있는 명사	셀 수 없는 명사

📖 **C** key 열쇠 ｜ coffee 커피 ｜ hand 손 ｜ children 아이들　**D** coin 동전 ｜ day 요일, 날 ｜ help 도움
elephant 코끼리 ｜ student 학생 ｜ beef 소고기 ｜ rain 비

E 다음 문장 중 바르지 <u>않은</u> 것은?

① My birthday is in March.
② My aunt studies in China.
③ This is my friend, Mary.
④ He is from america.
⑤ Today is Saturday.

F 다음 밑줄 친 부분을 바르게 고치세요.

1. Her name is <u>jessica</u>. ➡

2. I want <u>cheeses</u>. ➡

3. I live in <u>busan</u>. ➡

4. We have <u>homeworks</u>. ➡

5. I drink <u>waters</u> every day. ➡

6. I like my <u>english</u> teacher. ➡

7. I eat <u>breads</u> for breakfast. ➡

8. I like fresh <u>airs</u>. ➡

9. They want <u>peaces</u>. ➡

10. They go to <u>france</u>. ➡

📖 **E** birthday 생일 ｜ aunt 이모, 고모 ｜ study 공부하다 ｜ from ～로부터 ｜ visit 방문하다
grandparents 조부모 **F** drink 마시다 ｜ every day 매일 ｜ breakfast 아침 식사 ｜ fresh 신선한

Unit 02 셀 수 없는 명사 23

Unit 03 a/an, the (관사)

Let's Think

우리말	**VS.**	영어
상자, 공, 지구		**a box, a ball, the earth**
우리말에서는 단어 앞에 아무것도 없는데?		영어에서는 명사 box, ball, earth 앞에 왜 a나 the가 붙어 있을까?

 Find the Rule

Ⓐ 다음 문장들의 굵은 글씨를 주의 깊게 살펴보세요. ▷

- I have *a question*. `135`
- I eat *an apple*.
- There is *a box*. *A ball* is in *the* box.
- Children are *the hope* of the world.
- *The earth* is round.
- I can play *the piano*. `215`

Ⓑ 위 문장들의 굵은 글씨에 대한 설명으로 올바른 것을 <u>모두</u> 찾아 ☐ 안에 ✔ 하세요.

1. a와 an은 셀 수 있는 명사 앞에 쓰여 '하나'의 의미를 나타낸다. ☐

2. a와 an은 '어떤, 아무거나'처럼 특별히 정해지지 않은 명사를 가리킨다. ☐

3. 첫 음이 모음(a, e, i, o, u)으로 발음되는 단어 앞에는 a가 쓰였다. ☐

4. the box(상자)는 앞에 나온 명사 a box를 가리키고 있다. ☐

5. the는 셀 수 있는 명사 box(상자)와 셀 수 없는 명사 hope(희망) 앞에도 있다. ☐

6. 세상에서 유일한 것인 earth(지구) 앞에는 the가 쓰였다. ☐

7. play the piano에서 piano(피아노) 앞에는 the가 쓰였다. ☐

📖 question 질문 | eat 먹다 | there is ~이 있다 | hope 희망 | world 세상 | earth 지구 | round 둥근
can ~할 수 있다 | play (악기를) 연주하다 | piano 피아노

Apply **the Rule**

A 다음 문장들의 굵은 글씨를 주의 깊게 살펴보고, 앞에서 발견한 규칙이 바르게 적용되었는지 확인해 보세요. ▷

✎세이펜을 각 번호에 대면 정답을 확인할 수 있어요.

01 I have **an question**. `135`

02 This is **a big problem**. `005`

03 I want **a new bike**. `157`

04 I eat **an apple**.

05 I am **a only child**. `023`

06 There is a box. A ball is in **a box**.

07 I have pencils. **The pencils** are green.

08 Children are **the hope** of the world.

09 **The sky** is blue.

10 I can play **a piano**. `215`

B 굵은 글씨가 문법상 바르지 <u>않은</u> 문장의 번호를 쓰고 틀린 부분을 바르게 고쳐 보세요.

[　　] ➡ [　　] ➡ [　　]

[　　] ➡ [　　] ➡ [　　]

[　　] ➡ [　　] ➡ [　　]

[　　] ➡ [　　] ➡ [　　]

Make **Your Own**

★ 빈칸에 들어갈 알맞은 말을 넣어 문장을 완성하세요.

1. 나는 고양이 한 마리를 키운다. 그 고양이는 하얀색이다.

I have [　　] [　　]. [　　] [　　] is white.

2. 바구니 안에 사과 한 개와 달걀 한 개가 있다.

There are [　　] [　　] and [　　] [　　] in the basket.

01 I have **a question**. `135` | 나는 질문이 하나 있다.

02 This is **a big problem**. `005` | 이것은 큰 문제이다.

03 I want **a new bike**. `157` | 나는 새 자전거를 원한다.

04 I eat **an apple**. | 나는 사과 한 개를 먹는다.

05 I am **an only child**. `023` | 나는 외동이다.

Rule 1

a/an

- '하나'의 의미를 나타낼 때
- '어떤, 아무거나'처럼 특별히 정해지지 않은 명사를 가리킬 때
- 셀 수 있는 명사의 단수형 앞에
- an은 첫 음이 모음(a, e, i, o, u)으로 발음되는 단어 앞에

*a u**niversity: u가 모음이지만, 발음이 모음이 아니므로 a를 써요.
*an ho**ur/an ho**nest boy: h가 소리 나지 않는 묵음이므로 o(모음)가 단어의 첫 음이 돼요.

06 There is a box. A ball is in **the box**. | 상자 한 개가 있다. 공 한 개가 그 상자 안에 있다.

07 I have pencils. **The pencils** are green. | 나는 연필들이 있다. 그 연필들은 초록색이다.

08 Children are **the hope** of the world. | 아이들은 세상의 희망이다.

09 **The sky** is blue. | 하늘은 파랗다.

10 I can play **the piano**. `215` | 나는 피아노를 칠 수 있다.

Rule 2

the

- 앞에서 이미 언급된 특정한 명사를 가리킬 때
- 셀 수 있는 명사의 단수/복수형 앞에   ■ 셀 수 없는 명사 앞에
- 세상에서 유일한 것 앞에: **the** sun(해) **the** moon(달) **the** sky(하늘) **the** earth(지구)
- 악기 이름 앞에: play **the** piano(피아노를 치다) play **the** violin(바이올린을 켜다)

• 관사를 붙이지 않는 경우도 있어요.

식사 이름	교통수단	운동	사람/언어 이름
breakfast 아침 식사 lunch 점심 식사 dinner 저녁 식사	by bus 버스로 by train 기차로	baseball 야구 soccer 축구 basketball 농구	Eric 에릭 English 영어 Chinese 중국어

Exercises

A 다음 ( ) 안에서 알맞은 것을 고르세요.

1. (a / an) chair
2. (a / an) egg
3. (a / an) desk
4. (a / an) hero
5. (a / an) umbrella
6. (a / an) hour

B 다음 ( ) 안에서 알맞은 것을 고르세요.

1. (a / an / X) air
2. (a / an / X) mirror
3. (a / an / X) lions
4. (a / an / X) letter
5. (a / an / X) potatoes
6. (a / an / X) honey

C 다음 빈칸에 the가 필요하면 the를, 필요하지 않으면 X를 쓰세요.

1. _____ dinner
2. _____ sun
3. _____ tennis
4. play _____ cello
5. _____ earth
6. _____ end
7. _____ Andrew
8. _____ baseball
9. _____ sky
10. _____ top

D 다음 ( ) 안에서 알맞은 것을 고르세요.

1. I eat (a / the / X) breakfast at home.
2. I play (a / the / X) piano.
3. Nobody lives on (a / the / X) moon.
4. I want (an / the / X) easy book.
5. I have a cat. (A / The / X) cat is black.

📖 **A** hero 영웅 | umbrella 우산 | hour 1시간 **B** air 공기 | mirror 거울 | lion 사자 | letter 편지
potato 감자 | honey 꿀 **C** tennis 테니스 | cello 첼로 | end 끝 | top 맨 위, 꼭대기 **D** nobody 아무도
live 살다 | easy 쉬운 | black 검은색의

1. 나는 지우개 하나와 연필 한 자루가 필요하다.

➡ I need _____ eraser and _____ pencil.

2. 이것은 오래된 사진이다.

➡ This is _____ old picture.

3. 우리 엄마는 선생님이다.

➡ My mom is _____ teacher.

4. 저것은 재미있는 책이다.

➡ That is _____ interesting book.

5. 나는 바이올린을 켠다.

➡ I play _____ violin.

6. 하늘에 새들이 있다.

➡ There are _____ birds in _____ sky.

7. 태양은 동쪽에서 뜬다.

➡ _____ sun rises in the east.

8. 내 책가방에는 책 한 권이 있다. 그 책은 매우 무겁다.

➡ There is a book in my backpack. _____ book is very heavy.

9. 나는 우산 하나가 있다. 그 우산은 노란색이다.

➡ I have an umbrella. _____ umbrella is yellow.

10. 나는 버스로 학교에 간다.

➡ I go to school by _____ bus.

1. I have bread for <u>the</u> breakfast. ➡

2. She plays <u>a</u> piano. ➡

3. See you on <u>the</u> Wednesday. ➡

4. My brother is <u>a</u> honest person. ➡

5. My dad goes to work by <u>the</u> car. ➡

6. My grandmother likes <u>a</u> flowers. ➡

7. There is a spoon. <u>A</u> spoon is mine. ➡

8. I have <u>a</u> idea! ➡

9. <u>A</u> sun is in the sky. ➡

10. I play <u>the</u> baseball every day. ➡

11. People swim in <u>a</u> sea. ➡

12. I miss <u>an</u> Amy. ➡

13. We eat <u>the</u> lunch at 12 o'clock. ➡

14. I have a cat. <u>A</u> cat is cute. ➡

15. There is <u>an</u> university near my house. ➡

📖 **F** honest 정직한 | go to work 일하러 가다 | grandmother 할머니 | spoon 숟가락 | idea 아이디어, 생각 | people 사람들 | swim 수영하다 | miss 그리워하다 | o'clock ~시 | cute 귀여운 | university 대학 near 가까이

Unit 04 인칭대명사 – 주격

Let's Think

우리말	**VS.**	영어

<u>제이크와 나는</u> 친구야.
▶ 우리는 친구야.

Jake and I are friends.
▶ **We** are friends.

우리말에는 '나, 너, 우리'와
같은 말들이 있지.

영어에도 '우리(We)'와 같은
단어들이 있나 봐!

Find the Rule

Ⓐ 다음 문장들의 굵은 글씨를 주의 깊게 살펴보세요. ▷

- **I** am sleepy. `030`
- **You** are late. `046`
- **He** is very angry. `058` ← My dad is very angry.
- **She** is my homeroom teacher. `056`
  ← Ms. Kim is my homeroom teacher.
- **It** is delicious. `078` ← The cake is delicious.
- **We** are friends. ← Jake and I are friends.
- **You** are students. ← Jake and you are students.
- **They** are my friends.
  ← Tom and Jake are my friends.

Ⓑ 위 문장들의 굵은 글씨에 대한 설명으로 올바른 것을 <u>모두</u> 찾아 ☐ 안에 ✔ 하세요.

1. 사람이나 사물 이름을 대신하고 있다. ☐
2. 주어 자리에 쓰여 '∼은/∼는'으로 해석된다. ☐
3. 한 사람이나 한 가지 사물을 대신하는 자리에는 I, You, He, She, It이 쓰인다. ☐
4. 두 사람 이상이나 두 개 이상의 사물을 대신하는 자리에는 We, You, They가 쓰인다. ☐
5. 사람의 수나 성별에 관계없이 대신하는 말이 모두 같다. ☐

📖 sleepy 졸리는 | late 늦은, 지각한 | very 매우 | angry 화가 난 | homeroom teacher 담임 선생님
delicious 맛있는

Apply **the Rule**

A 다음 문장들의 굵은 글씨를 주의 깊게 살펴보고, 앞에서 발견한 규칙이 바르게 적용되었는지 확인해 보세요. ▷

✐ 세이펜은 각 번호에 대면 정답을 확인할 수 있어요.

01 **I** am sleepy. `030`

02 **You** are late. `046`

03 I have a brother. **He** is so smart. `059`

04 I have an uncle. **She** is a teacher.

05 I have a sister. **She** is really popular. `060`

06 I like pizza. **It** is delicious. `078`

07 Tom and I are friends. **They** are in the same class.

08 I know you and Ben. **We** are brothers.

09 Tom and Ben are brothers. **They** are twins.

10 I love roses. **You** are my favorite flower.

B 굵은 글씨가 문법상 바르지 <u>않은</u> 문장의 번호를 쓰고 틀린 부분을 바르게 고쳐 보세요.

	➡		➡	
	➡		➡	
	➡		➡	
	➡		➡	

Make **Your Own**

⭐ 빈칸에 알맞은 인칭대명사를 넣어 문장을 완성하세요.

1. 나의 이모는 요리사이다. 그녀는 요리를 잘하신다.

My aunt is a cook. [   ] cooks well.

2. 나는 고양이들을 좋아한다. 그것들은 정말 귀엽다.

I like cats. [   ] are so cute.

01 **I** am sleepy. `030` 나는 졸리다.

02 **You** are late. `046` 너는 늦었다.

03 I have a brother. **He** is so smart. `059` 나는 형이 하나 있다. 그는 정말 똑똑하다.

04 I have an uncle. **He** is a teacher. 나는 삼촌이 하나 있다. 그는 선생님이다.

05 I have a sister. **She** is really popular. `060` 나는 여동생이 하나 있다. 그녀는 정말 인기가 많다.

06 I like pizza. **It** is delicious. `078` 나는 피자를 좋아한다. 그것은 맛있다.

07 Tom and I are friends. **We** are in the same class. 톰과 나는 친구이다. 우리는 같은 반이다.

08 I know you and Ben. **You** are brothers. 나는 너와 벤을 알고 있다. 너희들은 형제이다.

09 Tom and Ben are brothers. **They** are twins. 톰과 벤은 형제이다. 그들은 쌍둥이이다.

10 I love roses. **They** are my favorite flower. 나는 장미를 정말 좋아한다. 그것들은 내가 가장 좋아하는 꽃이다.

Rule

• **인칭대명사:** 말하는 사람을 기준으로, 사람이나 사물을 대신해서 나타내는 말
• **주격 인칭대명사(~은/~는):** 문장에서 **주어** 역할을 하는 인칭대명사

인칭	한 사람/ 한 가지 사물 (단수)	두 사람/ 두 개 이상 (복수)
1인칭 말하고 있는 나	**I** 나는	**we** 우리는
2인칭 말을 듣고 있는 상대방	**you** 너는	**you** 너희들은
3인칭 나, 너 외의 나머지 다른 사람 또는 사물	**he** 그는	**they** 그들은
	she 그녀는	
	it 그것은	**they** 그것들은

Exercises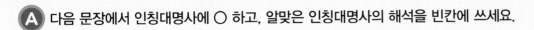

A 다음 문장에서 인칭대명사에 ○ 하고, 알맞은 인칭대명사의 해석을 빈칸에 쓰세요.

1. He is my uncle. ➡

2. You are happy. ➡

3. She studies hard. ➡

4. I eat breakfast at 8 a.m. ➡

5. They are my neighbors. ➡

6. It is delicious. ➡

B 다음 문장에서 밑줄 친 부분을 인칭대명사로 바꿔 문장을 다시 쓰세요.

1. <u>Jessica and I</u> watch TV together.

➡

2. <u>John and Emily</u> are my friends.

➡

3. <u>My sister</u> has short hair.

➡

4. <u>My grandparents</u> live in the city.

➡

5. She has two dogs. <u>Her dogs</u> are smart.

➡

📖 **A** hard 열심히 | a.m. 오전 | neighbor 이웃 사람 **B** watch 보다 | together 함께, 같이 | hair 머리카락
smart 똑똑한

C 두 문장이 같은 뜻이 되도록 ( ) 안에서 알맞은 단어를 고르세요.

1. My father is an engineer.

➡ (I / He / They) is an engineer.

2. Andrew and Mike enjoy computer games.

➡ (You / We / They) enjoy computer games.

3. My teacher is in the classroom.

➡ (You / She / It) is in the classroom.

4. Sam and I go to school together.

➡ (They / He / We) go to school together.

5. My aunt goes shopping every Sunday.

➡ (I / She / We) goes shopping every Sunday.

D 앞 문장의 밑줄 친 부분을 가리키는 주격 인칭대명사를 고르세요.

1. I like <u>my dogs</u>. (They / It) are very cute.

2. <u>My mom</u> teaches students. (It / She) is a teacher.

3. His name is <u>Sam</u>. (He / We) is my best friend.

4. <u>Jessica and I</u> are friends. (We / They) are in the same class.

5. <u>The cell phone</u> is on the table. (She / It) is my mom's cell phone.

6. <u>My cousin and her friend</u> are at the mall. (She / They) like shopping.

📖 **C** engineer 엔지니어, 기술자 | enjoy 즐기다 | classroom 교실 | go shopping 쇼핑을 하러 가다
every Sunday 일요일마다 **D** teach 가르치다 | best 최고의 | class 반 | cell phone 휴대전화 | cousin 사촌
mall 쇼핑몰

E 다음 우리말과 같은 뜻이 되도록 빈칸에 알맞은 주격 인칭대명사를 쓰세요.

1. 그는 의사이다.

➡ _____ is a doctor.

2. 그들은 학교에 간다.

➡ _____ go to school.

3. 그것은 실수이다.

➡ _____ is a mistake.

4. 그들은 선생님들이다.

➡ _____ are teachers.

5. 너희들은 같은 나이이다.

➡ _____ are the same age.

F 다음 빈칸에 들어갈 말이 같은 것끼리 연결하세요.

1. My brother has a new bike.
_____ likes it very much.

2. My aunt has long hair.
_____ brushes it often.

3. There are John and Max.
_____ are my classmates.

4. There is a notebook on the desk. _____ is mine.

5. My mom cooks well.
_____ like her food very much.

a. I live near the school.
_____ walk to school every day.

b. His jacket is blue.
_____ is his favorite color.

c. I love my parents.
_____ are nice to me.

d. That boy has long legs.
_____ is a good basketball player.

e. My sister is not here.
_____ is sick today.

📖 **F** new 새로운 | often 자주, 종종 | classmate 반 친구 | notebook 공책 | well 잘 | every day 매일
jacket 재킷 | favorite 아주 좋아하는 | parents 부모 | nice 다정한 | leg 다리 | basketball player 농구 선수
here 여기에 | sick 아픈

Unit **05** 인칭대명사 – 목적격/소유격/소유대명사

Let's Think

우리말	**VS.**	영어
이것은 **나의** 책이다. 그는 **나를** 안다.		This is **my** book. He knows **me**.

우리말에서는 '나'에 '〜의'나 '〜를'이 붙지.

영어에서는 단어가 달라지네!

 Find the Rule ◆

Ⓐ 다음 문장들의 굵은 글씨를 주의 깊게 살펴보세요.

- He likes **me**.
- I know **him**. ⬅ I know Ben.
- I love **them**. ⬅ I love my sisters.
- It is **my** favorite color. ⓪75
- I want **your** opinion. ①59
- I am **her** best friend. ⓪19 ⬅ I am Jenny's best friend.
- That book is **mine**. ⬅ That book is my book.
- That book is **hers**. ⬅ That book is her book.
- The house is **ours**. ⬅ The house is our house.

Ⓑ 위 문장들의 굵은 글씨에 대한 설명으로 올바른 것을 <u>모두</u> 찾아 ☐ 안에 ✔ 하세요.

1. 사람이나 사물 이름을 대신하고 있다. ☐

2. 문장에서 하는 역할에 따라 각기 다른 형태가 된다. ☐

3. me, him, them은 동사의 목적어 자리에 쓰여 '〜을/〜를'로 해석된다. ☐

4. my, your, her는 명사 앞에 쓰여 '〜의'라고 해석되며 소유의 의미를 나타낸다. ☐

5. my, your, her 앞에는 a나 an이 함께 쓰였다. ☐

6. her는 「명사＋'s」를 대신할 수 있다. ☐

7. mine, hers, ours는 '〜의 것'으로 해석되며 각각 「my/her/our＋명사」를 대신한다. ☐

📖 know 알다 | favorite 아주 좋아하는 | want 원하다 | opinion 의견

Apply **the Rule**

A 다음 문장들의 굵은 글씨를 주의 깊게 살펴보고, 앞에서 발견한 규칙이 바르게 적용되었는지 확인해 보세요.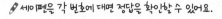

✏ 세이펜은 각 번호에 대면 정답을 확인할 수 있어요.

01 Please help **I**.

02 Jane is my best friend. I like **her**.

03 I have two sisters. I love **her**.

04 I want **you** opinion. `159`

05 **His** eyes are big.

06 I am **a her** best friend. `019`

07 We have two dogs. **Our** dogs are smart.

08 That book is **mine**.

09 I borrow Jane's book. That book is **her**.

10 The house is **ours**.

B 굵은 글씨가 문법상 바르지 <u>않은</u> 문장의 번호를 쓰고 틀린 부분을 바르게 고쳐 보세요.

	➡		➡	
	➡		➡	
	➡		➡	
	➡		➡	
	➡		➡	

Make **Your Own**

⭐ 빈칸에 알맞은 인칭대명사를 넣어 문장을 완성하세요.

1. 엄마의 생신은 7월 30일이다.

My mom's birthday is July 30. ➡ ⬚ birthday is July 30.

2. 나는 내 친구들을 좋아한다.

I like my friends. ➡ I like ⬚ .

01	Please help **me**.	저를 도와주세요.
02	Jane is my best friend. I like **her**.	제인은 나의 가장 친한 친구이다. 나는 그녀를 좋아한다.
03	I have two sisters. I love **them**.	나는 두 명의 여동생이 있다. 나는 그들을 사랑한다.
04	I want **your** opinion. `159`	나는 너의 의견을 원한다.
05	**His** eyes are big.	그의 눈은 크다.
06	I am **her** best friend. `019`	나는 그녀의 가장 친한 친구이다.
07	We have two dogs. **Our** dogs are smart.	우리는 두 마리의 개를 키운다. 우리의 개들은 똑똑하다.
08	That book is **mine**.	저 책은 내 것이다.
09	I borrow Jane's book. That book is **hers**.	나는 제인의 책을 빌린다. 저 책은 그녀의 것이다.
10	The house is **ours**.	그 집은 우리의 것이다.

Rule

인칭대명사는 문장에서 하는 역할(격)에 따라 각기 다른 형태가 돼요.
- **목적격 인칭대명사(~을/~를):** 문장에서 **목적어** 역할을 하는 인칭대명사
- **소유격 인칭대명사(~의):** 명사 앞에 쓰여 **소유의 의미**를 나타내는 인칭대명사

  *소유격은 a/an 또는 the와 같이 쓰지 못해요. (a her friend(×))
- **소유대명사(~의 것):** 문장에서 「**소유격＋명사**」를 대신하는 인칭대명사

		목적격	소유격	소유대명사
단수		**me** 나를	**my** 나의	**mine** 나의 것
		you 너를	**your** 너의	**yours** 너의 것
		him 그를	**his** 그의	**his** 그의 것
		her 그녀를	**her** 그녀의	**hers** 그녀의 것
		it 그것을	**its** 그것의	–
복수		**us** 우리를	**our** 우리의	**ours** 우리의 것
		you 너희들을	**your** 너희들의	**yours** 너희들의 것
		them 그(것)들을	**their** 그(것)들의	**theirs** 그(것)들의 것

Exercises

A 다음 단어를 ( ) 안의 지시대로 바꿔 쓰세요.

1. cars (목적격)
➡

2. Sophia and me (목적격)
➡

3. parents (목적격)
➡

4. dad (목적격)
➡

5. Lisa and her sister (목적격)
➡

6. my sister's room (소유대명사)
➡

7. her uncle's computer (소유대명사)
➡

8. my brother's glasses (소유대명사)
➡

9. the boys' toys (소유대명사)
➡

10. my erasers and pens (소유대명사)
➡

B 다음 문장에서 인칭대명사에 ○ 하고, 알맞은 인칭대명사의 해석을 빈칸에 쓰세요.

1. Sam knows them. ➡

2. Sarah likes it. ➡

3. This is my homework. ➡

4. His feet are big. ➡

5. The jacket is hers. ➡

6. Our classroom is clean. ➡

7. The boxes are ours. ➡

8. This bag is his. ➡

9. These are their books. ➡

10. Those are your cupcakes. ➡

📖 **A** glasses 안경 | toy 장난감 | eraser 지우개　**B** this 이것 | homework 숙제 | feet 발(foot의 복수형)
jacket 재킷 | classroom 교실 | clean 깨끗한 | cupcake 컵케이크

C 다음 ( ) 안의 인칭대명사를 알맞은 형태로 고쳐 쓰세요.

1. _____ friends are kind. (you)

2. This bicycle is _____ . (she)

3. He is _____ English teacher, (we)

4. My mom wakes _____ up in the morning. (I)

5. She doesn't like _____ . (he)

D 다음 문장에서 밑줄 친 부분을 인칭대명사로 바꿔 문장을 다시 쓰세요.

1. This is <u>my mom's</u> guitar.

➡

2. The boys ride <u>their bicycles</u>.

➡

3. I eat <u>bananas</u> every day.

➡

4. I visit <u>my grandmother</u> on Saturdays.

➡

5. I don't know <u>the answer</u>.

➡

6. This is not our car. <u>Our car</u> is red.

➡

📖 **C** kind 친절한 | bicycle 자전거 | wake 깨우다 | morning 아침 **D** guitar 기타 | banana 바나나 | visit 방문하다 | grandmother 할머니 | Saturday 토요일 | answer 답

1. (We / They / She) are friends.

2. This desk is (hers / mine / their).

3. Blue is (my / theirs / his) favorite color.

4. His cat is white, and (mine / hers / your) is black.

5. Mr. Brown is (their / mine / our) teacher.

6. I meet (he / them / her) at school.

7. John helps (me / her / our).

F 다음 중 올바른 문장에는 ○, 틀린 문장에는 ✕ 하고 틀린 곳을 바르게 고치세요.

1. They are not yours. ➡

2. This is a nice camera. Is it your? ➡

3. That is our house. ➡

4. She finishes hers homework. ➡

5. My brother helps my sister and my. ➡

6. I know him phone number. ➡

7. This bag is mine. ➡

8. She name is Jane. ➡

9. He and I are friends. ➡

📖 **E** desk 책상 | meet 만나다 | help 돕다 **F** nice 좋은, 멋진 | camera 카메라 | finish 끝내다
phone number 전화번호

Unit 06 지시대명사와 지시형용사

Let's Think

우리말	VS.	영어
이것은 책이다. 이 **책**은 재미있다.		**This** is a book. **This book** is interesting.
우리말에는 뭔가를 가리키는 '이것,' '이 ~'와 같은 말들이 있지.		영어에서도 뭔가를 가리킬 때 쓰는 말이 있네!

Find the Rule

A 다음 문장들의 굵은 글씨를 주의 깊게 살펴보세요. ▷

- Here it is. **This** is my seat. `003`
- Come here. **These** are our seats.
- Look over there! **That** is my friend.
- Look over there! **Those** are my friends.
- **This seat** is mine.
- **These apples** are so sweet.
- **That book** is mine.
- **Those books** are mine.

B 위 문장들의 굵은 글씨에 대한 설명으로 올바른 것을 <u>모두</u> 찾아 ☐ 안에 ✔ 하세요.

1. this와 these는 가까운 곳에 있는 사물이나 사람을 가리킨다. ☐
2. that과 those는 멀리 있는 사물이나 사람을 가리킨다. ☐
3. this, that, these, those 모두 바로 뒤에 명사가 올 수 없다. ☐
4. this와 that 뒤에는 동사 is가 온다. ☐
5. these와 those 뒤에는 동사 are가 온다. ☐
6. this와 that 뒤에는 단수명사가 온다. ☐
7. these와 those 뒤에는 복수명사가 온다. ☐

📖 here 여기 | seat 자리, 좌석 | over there 저쪽에 | so 매우 | sweet 달콤한

Apply **the Rule**

A 다음 문장들의 굵은 글씨를 주의 깊게 살펴보고, 앞에서 발견한 규칙이 바르게 적용되었는지 확인해 보세요.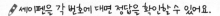

✎ 세이펜을 각 번호에 대면 정답을 확인할 수 있어요.

01	**This** is my seat. `003`
02	**These** is my sister.
03	**This** are her children.
04	**That** is my house.
05	**That**'s my best friend over there. `018`
06	**Those** are my friends.
07	I want **this notebook**.
08	**These sock** are dirty.
09	**That boys** is my brother.
10	Look at **those stars**!

B 굵은 글씨가 문법상 바르지 <u>않은</u> 문장의 번호를 쓰고 틀린 부분을 바르게 고쳐 보세요.

	➡	➡
	➡	➡
	➡	➡
	➡	➡

Make **Your Own**

⭐ 괄호 안의 단어를 활용하여 문장을 완성하세요.

1. 이것들은 나의 애완동물들이다. (pet)

　　　　　　　　　　　　　　my 　　　　　　　.

2. 나는 이 노래를 좋아한다. (song)

I like 　　　　　　　　　　　　　.

01	**This** is my seat. `003`	이것은 내 자리이다.
02	**This** is my sister.	이 사람은 내 여동생이다.
03	**These** are her children.	이 사람들은 그녀의 아이들이다.
04	**That** is my house.	저것은 나의 집이다.
05	**That**'s my best friend over there. `018`	저쪽에 있는 저 사람은 내 가장 친한 친구이다.
06	**Those** are my friends.	저 사람들은 내 친구들이다.

Rule 1

• **지시대명사:** 가까이 또는 멀리 있는 사물이나 사람을 가리키는 말

	가리키는 대상이 단수	가리키는 대상이 복수
가까이 있는 것	**this** 이것/이 사람	**these** 이것들/이 사람들
멀리 있는 것	**that** 저것/저 사람	**those** 저것들/저 사람들

*that is는 that's로 줄여서 쓸 수 있어요.

07	I want **this notebook**.	나는 이 공책을 원한다.
08	**These socks** are dirty.	이 양말들은 더럽다.
09	**That boy** is my brother.	저 소년은 내 남동생이다.
10	Look at **those stars**!	저 별들 좀 봐!

Rule 2

• **지시형용사:** 명사 바로 앞에 쓰여 사물이나 사람을 꾸며주는 말
'이 ~/저 ~'라는 뜻을 나타내요.

this, that ＋ 단수명사

these, those ＋ 복수명사

Exercises

A 다음 ( ) 안에서 알맞은 것을 고르세요.

1. I like (this / these) jeans.

2. (This / These) two people are my friends.

3. (That / Those) is a museum.

4. (That / Those) are worms.

5. (This / These) is a tomato.

6. (This / These) film is very boring.

7. (That / Those) cars are very fast.

B 다음 문장을 복수형으로 바꿔 쓰세요.

1. This is a mirror.　➡

2. That is a bird.　➡

3. This is a building.　➡

4. This is my friend.　➡

5. That is my cousin.　➡

C 다음 ( ) 안에서 알맞은 것을 고르세요.

1. Those are (her cousin / her cousins).

2. That is (a candy / candies).

3. This is (a ticket / tickets) for you.

4. These are (my notebook / my notebooks).

5. That is (a great idea / great ideas).

📖 **A** jeans 진[데님] 바지 | people 사람들 | museum 박물관 | worm 벌레 | film 영화
boring 재미없는, 지루한 | fast 빠른　**B** mirror 거울 | cousin 사촌　**C** ticket 표, 티켓 | idea 생각

D 다음 우리말과 일치하는 문장을 고르세요.

1. 이 가방은 아주 멋지다.
   a. This bag is very nice.
   b. This is a nice bag.

2. 이것들은 나의 사진들이다.
   a. These are my pictures.
   b. Those are my pictures.

3. 이 책들은 너의 것이다.
   a. These books are yours.
   b. Those are your books.

4. 저 건물은 오래되었다.
   a. That building is old.
   b. That is an old building.

5. 나는 저 채소들을 싫어한다.
   a. I hate these vegetables.
   b. I hate those vegetables.

E 다음 ( ) 안의 말을 빈칸에 알맞은 형태로 쓰세요.

1. _____ are coins. (that)

2. _____ flowers are beautiful. (this)

3. _____ dress is too long. (that)

4. _____ boxes are small. (this)

5. _____ is our uncle. (this)

6. _____ plate is very hot. (this)

7. _____ are potatoes. (this)

8. _____ is my favorite place! (that)

9. Please give me _____ clothes. (that)

10. He lives in _____ house. (that)

📖 **E** coin 동전 | flower 꽃 | dress 드레스, 원피스 | small 작은 | plate 접시 | hot 뜨거운 | place 장소
give 주다 | clothes 옷 | live 살다

F 다음 문장에서 밑줄 친 부분을 바르게 고쳐 문장을 다시 쓰세요.

1. <u>These</u> fruit is delicious.

   ➡

2. <u>This is</u> my grandparents.

   ➡

3. I like <u>this</u> old books.

   ➡

4. <u>This</u> shoes fit me very well.

   ➡

5. <u>That is</u> difficult problems.

   ➡

G 다음 우리말과 같은 뜻이 되도록 ( ) 안의 말을 바르게 배열하세요.

1. 저 쿠키들은 맛있다. (delicious / those / are / cookies)

   ➡

2. 이 자전거는 나의 것이다. (mine / this / bicycle / is)

   ➡

3. 저 텔레비전은 고장이 났다. (television / broken / is / that)

   ➡

4. 내가 가장 좋아하는 장난감은 이 기차이다. (my favorite toy / train / this / is)

   ➡

📖 **F** fruit 과일 | old 오래된 | shoe 신발 | fit (모양·크기가 어떤 사람·사물에) 맞다 | well 잘 | difficult 어려운 problem 문제 **G** broken 고장난

Unit 07 be동사의 긍정문

Let's Think

우리말	VS.	영어
나는 학생이다. 너는 학생이다. 그녀는 학생이다.		I **am** a student. You **are** a student. She **is** a student.
우리말에서는 주어가 바뀌어도 똑같이 '~이다'네.		영어에서는 주어에 따라 am, are, is로 바뀌네!

Find the Rule

A 다음 문장들의 굵은 글씨를 주의 깊게 살펴보세요.

- I **am** hungry. `027`
- We **are** friends.
- You **are** so kind. `049`
- He **is** very angry. `058`
- It **is** true. `076`
- They **are** students.
- My sister **is** 12 years old.
- The water **is** cold.
- The books **are** on the table.

B 위 문장들의 굵은 글씨에 대한 설명으로 올바른 것을 <u>모두</u> 찾아 ☐ 안에 ✔ 하세요.

1. 주어에 따라 am, are, is로 변한다. ☐
2. '~이다', '~하다' 또는 '~에 있다'로 해석된다. ☐
3. 인칭대명사가 주어일 때, 주어의 인칭과 수에 따라 달라진다. ☐
4. 주어가 셀 수 있는 명사의 단수형이면 뒤에 is가 온다. ☐
5. 주어가 셀 수 없는 명사이면 뒤에 are가 온다. ☐
6. 주어가 셀 수 있는 명사의 복수형이면 뒤에 are가 온다. ☐

📖 hungry 배고픈 | kind 친절한 | angry 화가 난 | true 사실인

Apply the Rule

Ⓐ 다음 문장들의 굵은 글씨를 주의 깊게 살펴보고, 앞에서 발견한 규칙이 바르게 적용되었는지 확인해 보세요.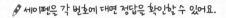

01 I **am** an only child. `023`

02 We **is** friends.

03 You **are** tall. `045`

04 She **is** my sister. `055`

05 He **is** so smart. `059`

06 It **is** so cute. `077`

07 They **is** students.

08 The box **is** heavy.

09 Fruit juice **are** very sweet.

10 Three boys **is** in the park.

✏️ 세이펜을 각 번호에 대면 정답을 확인할 수 있어요.

Ⓑ 굵은 글씨가 문법상 바르지 **않은** 문장의 번호를 쓰고 틀린 부분을 바르게 고쳐 보세요.

	➡		➡	
	➡		➡	
	➡		➡	
	➡		➡	

Make Your Own

⭐ 괄호 안의 단어를 활용하여 문장을 완성하세요.

1. 내 머리카락은 길다. (hair, long)

My _____ _____ _____.

2. 모든 개들은 귀엽다. (dog, cute)

All _____ _____ _____.

01	I **am** an only child. `023`	나는 외동이다.
02	We **are** friends.	우리는 친구이다.
03	You **are** tall. `045`	너는 키가 크다.
04	She **is** my sister. `055`	그녀는 내 여동생이다.
05	He **is** so smart. `059`	그는 정말 똑똑하다.
06	It **is** so cute. `077`	그것은 정말 귀엽다.
07	They **are** students.	그들은 학생이다.

Rule 1

- 인칭대명사가 주어일 때, be동사는 인칭과 수에 따라 달라져요.

	1인칭	2인칭	3인칭
단수	I **am**	You **are**	He **is** / She **is** / It **is**
복수	We **are**	You **are**	They **are**

- 이때, 인칭대명사 주어와 be동사는 줄여 쓸 수 있어요.

	1인칭	2인칭	3인칭
단수	I'**m**	You'**re**	He'**s** / She'**s** / It'**s**
복수	We'**re**	You'**re**	They'**re**

08	The box **is** heavy.	그 상자는 무겁다.
09	Fruit juice **is** very sweet.	과일 주스는 매우 달콤하다.
10	Three boys **are** in the park.	세 명의 남자아이들이 공원에 있다.

Rule 2

주어	be동사
단수명사 (하나)	**is**
셀 수 없는 명사	**is**
복수명사 (둘 이상)	**are**

Exercises

A 다음 문장에서 be동사에 ○ 하세요.

1. I am thirsty.
2. The girls are tired.
3. She is at school.
4. The apples are red.
5. It is an elephant.
6. My mother is in the kitchen.
7. His pencil case is at home.

B 다음 주어와 be동사를 줄여서 쓰세요.

1. She is　➡
2. I am　➡
3. He is　➡
4. They are　➡
5. We are　➡
6. It is　➡
7. You are　➡

C 다음 ( ) 안에서 알맞은 것을 고르세요.

1. He (am / is) an English teacher.
2. I (am / is) a football fan.
3. My jacket (am / is) red and gray.
4. My sister and I (am / are) twins.
5. Emma and Betty (is / are) good friends.
6. The food (is / are) on the table.

📖 **A** thirsty 목마른 | tired 피곤한 | elephant 코끼리 | kitchen 부엌 | pencil case 필통　**C** football 축구
fan 팬 | jacket 재킷 | gray 회색 | twins 쌍둥이

D 각 문장에서 be동사가 들어갈 위치를 고르고, 알맞은 be동사를 빈칸에 쓰세요.

1. It ① a ② cute ③ cat. ➡

2. ① He ② very ③ friendly. ➡

3. They ① in ② the car. ➡

4. I ① late ② for ③ school. ➡

5. The hamster ① in ② the ③ cage. ➡

6. Sara ① and ② I ③ happy. ➡

E 다음 문장에서 <u>잘못된</u> 부분을 찾아 문장을 바르게 고쳐 쓰세요.

1. I is really tired today.

➡

2. She are our music teacher.

➡

3. His sister am seven years old.

➡

4. Ben and I am sick.

➡

5. That are a really good movie!

➡

6. These pants is too small.

➡

7. His tests is very difficult.

➡

📖 **D** friendly 친절한 | hamster 햄스터 | cage 우리 **E** sick 아픈 | really 정말 | pants 바지 | too 너무
difficult 어려운

F 다음 우리말과 같은 뜻이 되도록 빈칸에 알맞은 말을 쓰세요.

1. 그는 선생님이다.
   ➡ _____ _____ a teacher.

2. 그것은 불가능하다.
   ➡ _____ _____ impossible.

3. 그녀는 나의 가장 친한 친구이다.
   ➡ _____ _____ my best friend.

4. 그들은 교실에 있다.
   ➡ _____ _____ in the classroom.

5. 우리는 4학년이다.
   ➡ _____ _____ in the fourth grade.

G 주어진 말을 이용하여 우리말에 맞게 영작하세요.

1. 그것은 코끼리이다. (an elephant)
   ➡

2. 그들은 의사들이다. (doctors)
   ➡

3. 그는 항상 바쁘다. (always busy)
   ➡

4. 그녀는 키가 크다. (tall)
   ➡

5. 나는 그녀의 언니이다. (her sister)
   ➡

Unit

08 be동사 다음에 오는 말

Let's Think

| 우리말 | **VS.** | 영어 |

나는 **학생**이다.
나는 **교실 안에 있다**.

내가 어떤 사람인지 얘기할 때는
'〜이다'를 쓰고, 있는 곳을 나타낼
때는 '〜에 있다'를 쓰지.

I am **a student**.
I am **in the classroom**.

영어에서는 둘 다 be동사인
am이 쓰이네!

 Find the Rule

Ⓐ 다음 문장들의 굵은 글씨를 주의 깊게 살펴보세요. ▷

- I am **a student**.
- My uncle is **a teacher**.
- It is **a secret**. 072
- I am **sleepy**. 030
- You are **tall**. 045
- She is **angry**.
- I am **at home**.
- He is **in the classroom**. 066
- They are **under the chair**.

Ⓑ 위 문장들의 굵은 글씨에 대한 설명으로 올바른 것을 <u>모두</u> 찾아 ☐ 안에 ✔ 하세요.

1. be동사 다음에 student, teacher, secret과 같은 명사가 올 수 있다. ☐

2. be동사 다음에 sleepy, tall, angry와 같은 형용사가 올 수 있다. ☐

3. be동사 다음에 at(〜에), in(〜안에), under(〜아래에)와 같은 장소를 나타내는 말이 올 수 없다. ☐

4. be동사 다음에 명사가 오면 '〜이다'로 해석된다. ☐

5. be동사 다음에 형용사가 오면 '〜하다'로 해석된다. ☐

6. be동사 다음에 장소가 오면 '〜에 있다'로 해석된다. ☐

📖 secret 비밀 | sleepy 졸리는 | tall 키가 큰 | angry 화가 난 | home 집 | classroom 교실 | chair 의자

Apply **the Rule**

Ⓐ 다음 문장들의 굵은 글씨를 주의 깊게 살펴보고, 앞에서 발견한 규칙이 바르게 적용되었는지 확인해 보세요. ▷

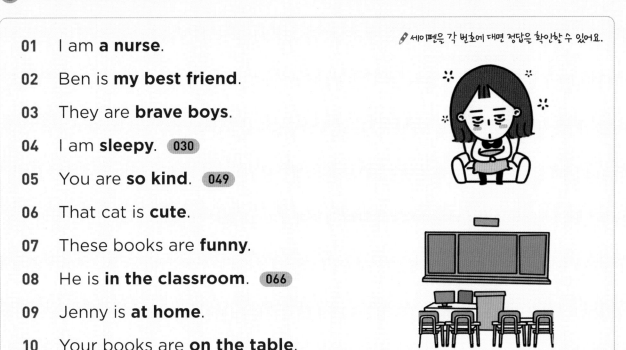

✏️ 세이펜을 각 번호에 대면 정답을 확인할 수 있어요.

01   I am **a nurse**.

02   Ben is **my best friend**.

03   They are **brave boys**.

04   I am **sleepy**.   030

05   You are **so kind**.   049

06   That cat is **cute**.

07   These books are **funny**.

08   He is **in the classroom**.   066

09   Jenny is **at home**.

10   Your books are **on the table**.

Ⓑ be동사의 의미가 같은 문장끼리 묶어 번호를 쓰고, be동사의 의미를 각각 쓰세요.

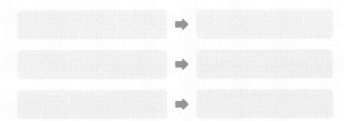

Make **Your Own**

⭐ 다음 우리말과 같은 뜻이 되도록 괄호 안에서 알맞은 것을 골라 문장을 완성하세요.

1. 내 여동생은 똑똑하다. (smart / a smart girl)

My sister ⬜⬜⬜ ⬜⬜⬜ .

2. 예쁜 새들이 새장 안에 있다. (the cage / in the cage)

Pretty birds ⬜⬜⬜ ⬜⬜⬜ .

01	I am **a nurse**.	나는 간호사이다.
02	Ben is **my best friend**.	벤은 내 가장 친한 친구이다.
03	They are **brave boys**.	그들은 용감한 소년들이다.
04	I am **sleepy**. `030`	나는 졸리다.
05	You are **so kind**. `049`	너는 정말 친절하다.
06	That cat is **cute**.	저 고양이는 귀엽다.
07	These books are **funny**.	이 책들은 재미있다.
08	He is **in the classroom**. `066`	그는 교실에 있다.
09	Jenny is **at home**.	제니는 집에 있다.
10	Your books are **on the table**.	너의 책들은 테이블 위에 있다.

Rule · be동사 다음에 오는 말에 따라 be동사의 의미가 달라져요.

be동사	be동사 다음에 오는 말	be동사 의미
am are is	**명사** student, teacher, doctor, nurse, friend, boy, secret, story	~이다
	형용사 tall, sleepy, angry, hungry, kind, happy, cute, funny, right	~하다
	장소 in the classroom, under the chair, at home, on the table	~에 있다

Exercises

A 다음 문장에서 be동사에 ○ 하고, 알맞은 의미에 ✔ 하세요.

1. She is a doctor. ☐ ~이다 ☐ ~하다 ☐ ~에 있다

2. She is in the classroom. ☐ ~이다 ☐ ~하다 ☐ ~에 있다

3. You are right. ☐ ~이다 ☐ ~하다 ☐ ~에 있다

4. I am hungry. ☐ ~이다 ☐ ~하다 ☐ ~에 있다

5. He is my hero. ☐ ~이다 ☐ ~하다 ☐ ~에 있다

6. She is tired. ☐ ~이다 ☐ ~하다 ☐ ~에 있다

7. They are at the park. ☐ ~이다 ☐ ~하다 ☐ ~에 있다

8. It is a great story. ☐ ~이다 ☐ ~하다 ☐ ~에 있다

9. Those girls are very happy. ☐ ~이다 ☐ ~하다 ☐ ~에 있다

10. Students are in the library. ☐ ~이다 ☐ ~하다 ☐ ~에 있다

B 각 문장에서 be동사가 들어갈 위치를 고르고, 알맞은 be동사의 해석을 빈칸에 쓰세요.

1. The ① house ② very ③ old. ➡

2. ① My ② teacher ③ kind. ➡

3. The ① milk ② on the ③ table. ➡

4. ① My ② lunch ③ a sandwich. ➡

5. The ① weather ② nice ③ today. ➡

📖 **A** doctor 의사 | right 옳은, 맞는 | hero 영웅 | tired 피곤한 | park 공원 | library 도서관 **B** old 낡은
lunch 점심 | sandwich 샌드위치 | weather 날씨

C 다음 우리말과 같은 뜻이 되도록 빈칸에 알맞은 말을 쓰세요.

1. 그녀는 나의 여동생이다.

➡ _____ _____ my sister.

2. 나는 목이 마르다.

➡ _____ _____ thirsty.

3. 그는 매우 키가 크다.

➡ _____ _____ very tall.

4. 그는 테니스 선수이다.

➡ _____ _____ a tennis player.

5. 그들은 방 안에 있다.

➡ _____ _____ in the room.

D 다음 문장의 be동사의 의미가 같은 것끼리 연결하세요.

1. ① The chair is comfortable.　　　a. My sister is in her room.

② The cat is under the table.　　　b. It is a science book.

③ He is my best friend.　　　　　c. The roses are red.

2. ① Christmas is a holiday.　　　a. The coin is in my hand.

② The ball is in the box.　　　　b. They are his pets.

③ This rabbit is cute.　　　　　c. That flower is beautiful.

📖📖 **D** comfortable 편안한 | best 가장 좋은 | science 과학 | rose 장미 | Christmas 크리스마스
holiday 공휴일 | coin 동전

E 다음 우리말과 같은 뜻이 되도록 〈보기〉에서 알맞은 것을 골라 문장을 완성하세요.

〈보기〉 basketball　　　lucky　　　on the desk　　　hers

1. 그는 운이 좋다.
➡ He is _____.

2. 컵이 책상 위에 있다.
➡ The cup is _____.

3. 내가 가장 좋아하는 운동은 농구이다.
➡ My favorite sport is _____.

4. 이 책들은 그녀의 것이다.
➡ These books are _____.

F 밑줄 친 be동사에 주의하여 다음 문장을 우리말로 해석하세요.

1. That building is very tall.
➡

2. Candies are on the table.
➡

3. He is my teacher.
➡

4. The pens are red.
➡

📖 **F** building 건물

Unit 09 be동사의 부정문

Let's Think

우리말	VS.	영어

그는 내 남동생이 **아니야.**
이 케이크는 맛이 **없어.**

우리말에는 '~이 아니다',
'~이 없다' 같은 말로 부정을 나타내지.

He **is not** my brother.
This cake **is not** delicious.

영어에서는 be동사 뒤에
not만 붙이면 되네!

Find the Rule

A 다음 문장들의 굵은 글씨를 주의 깊게 살펴보세요. ▷

- I **am not** lazy. **037** ⬅ I am lazy.
- She **is not** my sister. ⬅ She is my sister.
- They **are not** in the classroom. ⬅ They are in the classroom.
- These rooms **are not** clean. ⬅ These rooms are clean.
- I**'m not** hungry. ⬅ I am hungry.
- He **isn't** tall. ⬅ He is tall.
- It**'s not** delicious. ⬅ It is delicious.
- They **aren't** students. ⬅ They are students.
- We**'re not** at home. ⬅ We are at home.

B 위 문장들의 굵은 글씨에 대한 설명으로 올바른 것을 <u>모두</u> 찾아 ☐ 안에 ✔ 하세요.

1. be동사 바로 뒤에 not이 오거나 n't가 붙는다. ☐
2. '~이 아니다', '~하지 않다' 또는 '~이 없다'로 해석된다. ☐
3. am과 not은 amn't로 줄여 쓸 수 있다. ☐
4. is와 not은 isn't로 줄여 쓸 수 있다. ☐
5. are와 not은 aren't로 줄여 쓸 수 있다. ☐
6. 주어가 대명사일 때, 주어와 be동사의 줄임말 뒤에 not을 붙일 수 있다. ☐

📖 lazy 게으른 | classroom 교실 | room 방 | clean 깨끗한 | hungry 배고픈 | tall 키가 큰 | delicious 맛있는

Apply the Rule

A 다음 문장들의 굵은 글씨를 주의 깊게 살펴보고, 앞에서 발견한 규칙이 바르게 적용되었는지 확인해 보세요.

01	I **am not** lazy. `037`	
02	You **not are** a student.	
03	Tom **is not** in the living room.	
04	The water **not is** cold.	
05	We **are not** hungry.	
06	I **amn't** worried. `038`	
07	You **aren't** late.	
08	She**'s not** my teacher.	
09	The box**'s not** heavy.	
10	They**'re not** soccer players.	

✏️ 세이펜은 각 번호에 대면 정답을 확인할 수 있어요.

B 굵은 글씨가 문법상 바르지 <u>않은</u> 문장의 번호를 쓰고 틀린 부분을 바르게 고쳐 보세요.

	➡		➡	
	➡		➡	
	➡		➡	
	➡		➡	

Make Your Own

⭐ 괄호 안의 단어를 활용하여 문장을 완성하세요.

1. 그 가수는 유명하지 않다. (singer. famous)

The ＿＿＿＿ ＿＿＿＿ ＿＿＿＿.

2. 저 책들은 재미있지 않다. (book. interesting)

Those ＿＿＿＿ ＿＿＿＿ ＿＿＿＿.

01	I **am not** lazy. `037`	나는 게으르지 않다.
02	You **are not** a student.	너는 학생이 아니다.
03	Tom **is not** in the living room.	톰은 거실에 없다.
04	The water **is not** cold.	그 물은 차갑지 않다.
05	We **are not** hungry.	우리는 배고프지 않다.
06	I **am not** worried. `038`	나는 걱정하지 않는다.
07	You **aren't** late.	너는 늦지 않았다.
08	She**'s not** my teacher.	그녀는 나의 선생님이 아니다.
09	The box **isn't** heavy.	그 상자는 무겁지 않다.
10	They**'re not** soccer players.	그들은 축구 선수가 아니다.

Rule

- **be동사의 부정문:** be동사 바로 뒤에 not을 붙여 '~이 아니다', '~하지 않다' 또는 '~이 없다'라고 해석해요. be동사와 not은 주로 줄여 씁니다.

인칭	수	부정문	줄임말
1인칭	단수	I **am not**	I**'**m not
	복수	We **are not**	We**'**re not / We **aren't**
2인칭	단수/복수	You **are not**	You**'**re not / You **aren't**
3인칭	단수	He **is not**	He**'**s not / He **isn't**
		She **is not**	She**'**s not / She **isn't**
		It **is not**	It**'**s not / It **isn't**
	복수	They **are not**	They**'**re not / They **aren't**

*am not은 줄여 쓸 수 없어요. (I amn't (X))

Exercises

A 다음 우리말과 같은 뜻이 되도록 빈칸에 알맞은 말을 쓰세요.

1. 그 이야기는 사실이 아니다.
➡ The story _____ _____ true.

2. Lisa는 키가 크지 않다.
➡ Lisa _____ _____ tall.

3. 그 가위들은 책상 위에 있지 않다.
➡ The scissors _____ _____ on the desk.

4. 너는 늦지 않았다.
➡ You _____ _____ late.

5. 나는 지금 졸리지 않다.
➡ I _____ _____ sleepy now.

B 다음 밑줄 친 부분의 줄임말을 쓰세요.

1. It <u>is not</u> a difficult problem.   ➡

2. Mina <u>is not</u> my sister.   ➡

3. <u>You are not</u> short.   ➡

4. <u>We are not</u> busy.   ➡

5. <u>They are not</u> students.   ➡

6. <u>He is not</u> in the bathroom.   ➡

7. <u>I am not</u> angry.   ➡

📖 **B** difficult 어려운 | problem 문제 | short 키가 작은 | busy 바쁜 | bathroom 화장실 | angry 화가 난

C 다음 문장을 부정문으로 바꿔 쓰세요.

1. This box is heavy.

➡

2. They are my friends.

➡

3. You are right.

➡

4. She is my teacher.

➡

5. I am in the bathroom.

➡

6. You are funny.

➡

7. These answers are wrong.

➡

8. We are in the living room.

➡

9. The boy is my brother.

➡

10. John is in the classroom.

➡

📖 **C** heavy 무거운 | right 옳은 | answer 대답 | wrong 틀린 | living room 거실

D 다음 우리말과 같은 뜻이 되도록 ( ) 안의 말을 바르게 배열하세요. be동사는 알맞은 형태로 바꾸어 쓰세요.

1. 저 인형들은 귀엽지 않다. (cute / not / be)

   ➡ Those dolls _____ .

2. 그녀는 오늘 몸이 좋지 않다. (not / be / fine)

   ➡ She _____ today.

3. 그 공책은 싸지 않다. (be / not / cheap)

   ➡ The notebook _____ .

4. 나는 배고프지 않다. (hungry / be / not)

   ➡ I _____ .

5. 그것은 재미있는 영화가 아니다. (not / an interesting movie / be)

   ➡ It _____ .

6. 나는 17살이 아니다. (17 years old / not / be)

   ➡ I _____ .

7. 그는 버스 정류장에 있지 않다. (at the bus stop / be / not)

   ➡ He _____ .

8. 내 공책들이 내 가방 안에 있지 않다. (be / in my bag / not)

   ➡ My notebooks _____ .

9. 오늘은 내 생일이 아니다. (be / not / my birthday)

   ➡ Today _____ .

10. 그 문제는 어렵지 않다. (difficult / not / be)

    ➡ The question _____ .

Unit 10 be동사의 의문문

Let's Think

우리말	**VS.**	영어

그는 학생이다.
그는 학생이니?

He is a student.
Is he a student?

우리말은 문장의 뒷부분만 바뀌네.

영어에서는 문장의 앞에서 뭔가 바뀌네!

 Find the Rule

A 다음 문장들의 굵은 글씨를 주의 깊게 살펴보세요. ▷

- **Am I** late?
  ← I am late.

- **Are you** busy now? `084`
  ← You are busy now.

- **Is he** all right?
  ← He is all right.

- **Is it** strawberry ice cream?
  ← It is strawberry ice cream.

- **Are they** your friends?
  ← They are your friends.

B 위의 각 첫 번째 문장들에 대한 설명으로 올바른 것을 <u>모두</u> 찾아 ☐ 안에 ✔ 하세요.

1. 물음표로 끝나는 의문문이다. ☐
2. be동사가 문장 맨 앞에 나온다. ☐
3. be동사 뒤에는 주어가 나온다. ☐
4. 주어에 따라 be동사가 am, are, is로 변한다. ☐

📖 late 늦은, 지각한 | busy 바쁜 | all right 괜찮은 | strawberry 딸기

Apply **the Rule**

A 다음 문장들의 굵은 글씨를 주의 깊게 살펴보고, 앞에서 발견한 규칙이 바르게 적용되었는지 확인해 보세요. ▷

✏️ 세이펜은 각 번호에 대면 정답을 확인할 수 있어요.

01 **Am I** late?

02 **You are** tired? `081`

03 **Is he** all right?

04 **Is she** your classmate?

05 **Is it** difficult?

06 **Is** we loud?

07 **Are they** your friends?

08 **Your teacher is** nice?

09 **Is that book** yours?

10 **Is** my books on the desk?

B 굵은 글씨가 문법상 바르지 <u>않은</u> 문장의 번호를 쓰고 틀린 부분을 바르게 고쳐 보세요.

	➡		➡	
	➡		➡	
	➡		➡	
	➡		➡	

Make **Your Own**

⭐ 괄호 안의 단어를 활용하여 문장을 완성하세요.

1. 그 공들은 너의 것이니? (ball)

＿＿＿＿＿ the ＿＿＿＿＿ ＿＿＿＿＿?

2. 그 영화는 재미있니? (movie)

＿＿＿＿＿ the ＿＿＿＿＿ funny?

01	**Am I** late?	제가 늦었나요?
02	**Are you** tired? `081`	너는 피곤하니?
03	**Is he** all right?	그는 괜찮니?
04	**Is she** your classmate?	그녀는 너의 반 친구니?
05	**Is it** difficult?	그것은 어렵니?
06	**Are we** loud?	우리가 시끄러운가요?
07	**Are they** your friends?	그들은 네 친구들이니?
08	**Is your teacher** nice?	너의 선생님은 좋으시니?
09	**Is that book** yours?	저 책은 네 것이니?
10	**Are my books** on the desk?	내 책들은 책상 위에 있니?

Rule

- be동사의 의문문: 주어와 be동사의 자리를 서로 바꾸고 마지막에 물음표 (?)를 넣어 의문문을 만들어요. '～이니?', '～하니?' 또는 '～에 있니?'라고 해석합니다.

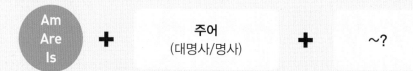

- be동사의 의문문에 대한 대답: Yes 또는 No로 답합니다. 의문문의 주어가 일반명사일 때, 대답은 그 명사를 알맞은 대명사로 바꿔서 해요.

긍정의 대답	부정의 대답
Yes, 주어 + **be동사**.	**No**, 주어 + **be동사** + **not**.

*Yes로 대답할 때는 주어와 be동사를 줄여 쓰지 않아요.

Exercises

A 다음 우리말과 같은 뜻이 되도록 빈칸에 알맞은 말을 쓰세요.

1. 너는 지금 배고프니?

➡ _____ _____ hungry now?

2. 그들은 너의 친구니?

➡ _____ _____ your friends?

3. 그것은 책상 위에 있니?

➡ _____ _____ on the desk?

4. 그녀는 선생님이니?

➡ _____ _____ a teacher?

5. 그는 화장실에 있니?

➡ _____ _____ in the bathroom?

B 다음 문장을 의문문으로 바꿔 쓰세요.

1. You are ready.

2. It is important.

3. He is in the classroom.

4. Jane is popular.

5. The cake is in the box. ➡

📖 **B** ready 준비가 된 | important 중요한 | classroom 교실 | popular 인기 있는 | cake 케이크

C 다음 우리말과 일치하는 문장을 고르세요.

1. 너는 괜찮니?

a. Is you all right?

b. Are you all right?

2. Jenny는 차 안에 있니?

a. Is Jenny in the car?

b. Are Jenny in the car?

3. 너의 형제들은 키가 크니?

a. Your brothers tall are?

b. Are your brothers tall?

4. 네 방은 깨끗하니?

a. Is your room clean?

b. Are your room clean?

D 다음 질문에 알맞은 대답을 고르세요.

1. Are you sure?

a. No, I am.   b. Yes, I am.

2. Is she a new student?

a. Yes, she is.   b. Yes, is she.

3. Is it your phone?

a. No, it isn't.   b. No, it is.

4. Are the books in your bag?

a. No, they aren't.   b. No, aren't they.

E 다음 ( ) 안에서 알맞은 것을 고르세요.

1. (Is / Are) Jane and Tom friends?

2. (Is / Are) the doctors in the office?

3. (Is / Am) I wrong?

4. (Is / Are) the water cold?

📖 **D** sure 확실한 | new 새로운　**E** office 사무실

F 다음 우리말과 같은 뜻이 되도록 ( ) 안의 말을 바르게 배열하세요.

1. 그들은 형제니? (they / are / brothers)

➡

2. 엄마는 거실에 계시니? (in the living room / Mom / is)

➡

3. 음악이 너무 시끄럽니? (too loud / is / the music)

➡

4. 너는 지루하니? (are / bored / you)

➡

5. 아빠는 침실에 계시니? (Dad / is / in the bedroom)

➡

6. 그 학생들은 놀이터에 있니? (in the playground / are / the students)

➡

7. 그가 너의 삼촌이니? (he / is / your uncle)

➡

8. 너는 정직하니? (you / honest / are)

➡

9. 이것은 너의 가방이니? (this / is / your bag)

➡

10. 그 신발들은 빨간색이니? (red / are / the shoes)

➡

Unit 11 비인칭 주어 it

Let's Think

| 우리말 | **VS.** | 영어 |

우리말

날씨가 맑아.
지금 2시야.

우리말에서는 날씨나 시간을
이렇게 말하지.

영어

It is sunny.
It is two o'clock.

영어에서는 날씨나 시간을 말할 때
주어 자리에 It이 있네!

 **Find the Rule** ▸

A 다음 문장들의 굵은 글씨를 주의 깊게 살펴보세요. ▷

- **It** is two o'clock.
- **It**'s sunny. **089**
- **It**'s Tuesday. **095**
- **It** is July 10th.
- **It**'s winter again.
- **It**'s far from here.
- **It**'s dark outside. **097**

B 위 문장들의 굵은 글씨에 대한 설명으로 올바른 것을 <u>모두</u> 찾아 ☐ 안에 ✔ 하세요.

1. 대명사 it처럼 '그것'이라고 해석하면 된다. ☐
2. 따로 해석하지 않는 것이 자연스럽다. ☐
3. 시간과 날씨를 나타낸다. ☐
4. 요일과 날짜를 나타낸다. ☐
5. 계절을 나타낸다. ☐
6. 거리를 나타낸다. ☐
7. 밝기를 나타낼 수 있다. ☐

📖 o'clock ~시 (정각) | sunny 화창한 | winter 겨울 | again 다시, 또 | far 먼, 멀리 떨어진 | dark 어두운
outside 밖에

Apply **the Rule**

A 다음 문장들의 굵은 글씨를 주의 깊게 살펴보고, 앞에서 발견한 규칙이 바르게 적용되었는지 확인해 보세요.

01   **It**'s four o'clock.   093

02   **This** is 5:30 p.m.

03   **It**'s rainy outside.

04   **It**'s cold and windy.   091

05   **Now** is Saturday.

06   **It**'s April 7th.

07   **Here**'s my birthday!   096

08   **It**'s summer now.

09   **There** is 3 km from here.

10   **It**'s bright here.

✐ 세이펜을 각 번호에 대면 정답을 확인할 수 있어요.

B 굵은 글씨가 문법상 바르지 **않은** 문장의 번호를 쓰고 틀린 부분을 바르게 고쳐 보세요.

Make **Your Own**

⭐ 괄호 안의 단어를 활용하여 문장을 완성하세요.

1. 방 안이 밝다. (bright)

                              in the room.

2. 여기에서 멀다. (far)

                              from here.

Check the Rule Again ▷

01	**It**'s four o'clock.	4시이다.
02	**It** is 5:30 p.m.	오후 5시 30분이다.
03	**It**'s rainy outside.	밖에 비가 온다.
04	**It**'s cold and windy.	춥고 바람이 분다.
05	**It** is Saturday.	토요일이다.
06	**It**'s April 7th.	4월 7일이다.
07	**It**'s my birthday!	내 생일이야!
08	**It**'s summer now.	이제 여름이다.
09	**It** is 3 km from here.	여기서부터 3km이다.
10	**It**'s bright here.	여기는 밝다.

Rule

- **비인칭 주어 it:** 시간, 날씨, 요일, 날짜, 계절, 거리, 명암(밝음과 어두움) 등을 나타낼 때 쓰는 주어. 가리키는 것이 없으므로 특별히 해석하지 않아요.

*'그것'이라는 뜻으로 쓰이는 대명사 it과 꼭 구별해서 알아두세요. (▶Unit 04)

	질문	답
시간	What time is **it**? 몇 시야?	**It**'s four o'clock. **It** is 5:30 p.m.
날씨	How is the weather? 날씨가 어때?	**It**'s rainy outside. **It**'s cold and windy.
요일	What day is **it** today? 오늘 무슨 요일이니?	**It** is Saturday.
날짜	What's the date today? 오늘이 며칠이니?	**It**'s April 7th.
계절	What season is **it**? 무슨 계절이니?	**It**'s summer now.
거리	How far is **it**? 얼마나 멀어요?	**It** is 3 km from here.
명암	—	**It**'s bright here.

Exercises

A 다음 우리말과 일치하는 문장을 고르세요.

1. 오늘은 덥다.

a. It's hot today.

b. This is hot today.

2. 지금은 5시이다.

a. That is five o'clock now.

b. It is five o'clock now.

3. 밖은 춥다.

a. Outside cold is.

b. It is cold outside.

4. 밖에 비가 온다.

a. There is rainy outside.

b. It is rainy outside.

5. 3월 20일이다.

a. It's March 20th.

b. March 20th is.

B 다음 밑줄 친 It이 나타내는 것에 ✔ 하세요.

1. It is cold and snowy.　　　☐ 시간　☐ 날씨　☐ 명암

2. It is Monday.　　　☐ 날짜　☐ 요일　☐ 시간

3. It is dark inside.　　　☐ 거리　☐ 계절　☐ 명암

4. It is 11:20.　　　☐ 시간　☐ 날짜　☐ 날씨

5. It is March 25th.　　　☐ 날씨　☐ 날짜　☐ 요일

6. It is 5 km from here.　　　☐ 시간　☐ 날짜　☐ 거리

7. It is spring now.　　　☐ 거리　☐ 계절　☐ 요일

📖 **B** snowy 눈이 내리는 | inside 안에 | spring 봄

C 다음 질문에 알맞은 대답을 고르세요.

1. How is the weather?
   a. It is sunny and warm.
   b. It's December 10th.

2. What time is it now?
   a. It's Tuesday.
   b. It's five o'clock.

3. When is your birthday?
   a. It's ten o'clock.
   b. It's September 10th.

4. What day is it today?
   a. It's May.
   b. It's Monday.

5. Is it rainy?
   a. Yes, it is.
   b. Yes, it is Friday.

D 주어진 말을 이용하여 우리말에 맞게 영작하세요.

1. 따뜻하다. (warm)
   ➡

2. 밖은 매우 덥다. (very hot)
   ➡   outside.

3. 일요일이다. (Sunday)
   ➡

4. 겨울에는 매우 춥다. (very cold)
   ➡   in winter.

5. 정오이다. (noon)
   ➡

6. 6월 1일이다. (June 1st)
   ➡

📖 **C** weather 날씨 | warm 따뜻한

E 다음 우리말과 같은 뜻이 되도록 ( ) 안의 말을 바르게 배열하세요.

1. 오늘은 11월 3일이다. (November 3rd / it / is)

➡ _____ today.

2. 가을에는 바람이 많이 분다. (is / windy / it)

➡ _____ in fall.

3. 따뜻한 날이다. (a warm day / is / it)

➡ _____

4. 내 여동생의 생일이다. (my sister's birthday / is / it)

➡ _____

5. 여기는 매우 밝다. (is / it / very bright)

➡ _____ here.

F 다음 중 밑줄 친 부분의 쓰임이 <u>다른</u> 것은?

1. ① <u>It</u> is already four o'clock.
② <u>It</u> is a beautiful day.
③ Be careful with the cup! <u>It</u>'s very hot.
④ <u>It</u>'s very cold outside.
⑤ <u>It</u>'s December 23rd.

2. ① <u>It</u> is very dark outside.
② <u>It</u> is a cloudy day.
③ How far is <u>it</u> from here?
④ <u>It</u>'s a cold juice.
⑤ <u>It</u>'s Thursday.

📖 **F** already 이미, 벌써 | beautiful 아름다운 | careful 조심하는

Unit 12 There is/There are

Let's Think

우리말	**VS.**	영어

우리말

책상 위에 책이 있다.
책상 위에 책들이 있다.

우리말에는 어떤 사람이나 사물이
'있다'라고 말하지.

영어

There is a book on the desk.
There are books on the desk.

영어에서는 be동사에
'～이 있다'라는 의미가 있는데
주어 자리에 There가 있네!

Find the Rule

A 다음 문장들의 굵은 글씨를 주의 깊게 살펴보세요. ▷

- **There is** a chair.

- **There is** water in the bottle.

- **There are** many people here.　**110**

- **There is not** a cup.

- **There are not** many people here.

- **Is there** any water?　**117**

- **Are there** any problems?　**122**

B 위 문장들의 굵은 글씨에 대한 설명으로 올바른 것을 <u>모두</u> 찾아 ☐ 안에 ✔ 하세요.

1. There is/There are가 쓰인 문장은 '～이 있다'라는 뜻을 나타낸다. ☐

2. There를 따로 해석하지 않는 것이 자연스럽다. ☐

3. There is 뒤에는 단수명사 또는 셀 수 없는 명사가 온다. ☐

4. There are 뒤에는 복수명사가 온다. ☐

5. There is/There are 다음에 not이 오는 문장은 '～이 없다'라는 뜻을 나타낸다. ☐

6. 의문문에서는 there와 be동사의 순서가 바뀌지 않는다. ☐

📖 chair 의자 | water 물 | bottle 병 | any 무슨, 얼마의 | problem 문제

Apply the Rule

Ⓐ 다음 문장들의 굵은 글씨를 주의 깊게 살펴보고, 앞에서 발견한 규칙이 바르게 적용되었는지 확인해 보세요. ▷

---

01 **There is** a clock.

02 **There are** a banana in the basket.

03 **There is** some bread on the table.

04 **There are** twenty students in my class. `114`

05 **There are not** a chair.

06 **There is not** any food in the kitchen.

07 **There is not** many books in his room.

08 **Is there** a bookstore near here?

09 **Are there** any sugar?

10 **Are there** any ideas? `120`

✏ 세이펜은 각 번호에 대면 정답을 확인할 수 있어요.

Ⓑ 굵은 글씨가 문법상 바르지 <u>않은</u> 문장의 번호를 쓰고 틀린 부분을 바르게 고쳐 보세요.

	➡		➡	
	➡		➡	
	➡		➡	
	➡		➡	

Make Your Own

⭐ 괄호 안의 단어를 활용하여 문장을 완성하세요.

1. 벤치 위에 눈이 있다. (snow)

　　　　　　　　　　　　 on the bench.

2. 상자 안에 공들이 있다. (ball)

　　　　　　　　　　 in the box.

Check the Rule Again

01	**There is** a clock.	시계가 있다.
02	**There is** a banana in the basket.	바구니 안에 바나나가 있다.
03	**There is** some bread on the table.	식탁 위에 약간의 빵이 있다.
04	**There are** twenty students in my class. `114`	우리 반에는 20명의 학생이 있다.

Rule 1

• **There is/There are ~:** '~이 있다'라는 뜻으로, be동사 뒤에 오는 명사가 진짜 주어. 이때 There는 따로 해석하지 않아요.

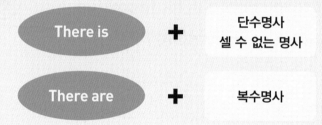

05	**There is not** a chair.	의자가 없다.
06	**There is not** any food in the kitchen.	부엌에 음식이 하나도 없다.
07	**There are not** many books in his room.	그의 방에는 많은 책이 있지 않다.
08	**Is there** a bookstore near here?	여기 근처에 서점이 있니?
09	**Is there** any sugar?	설탕이 있니?
10	**Are there** any ideas? `120`	무슨 아이디어라도 있니?

Rule 2

• 부정문과 의문문

부정문	There is[are] not ~.	~이 없다, ~이 있지 않다
의문문	Is[Are] there ~?	~이 있니?

Exercises

A 다음 우리말과 일치하는 문장을 고르세요.

1. 책상 위에 책이 있다.

a. Is there a book on the desk.

b. There is a book on the desk.

2. 교실에 학생들이 있다.

a. These are students in the classroom.

b. There are students in the classroom.

3. 공원에 사람들이 많이 없다.

a. There are many people in the park.

b. There are not many people in the park.

4. 이 근처에 도서관이 있니?

a. Is there a library near here?

b. Are there a library near here?

B 올바른 문장이 되도록 연결하세요.

1. Is there

2. There are not

3. There is not

4. Are there

a. an elevator in this building.

b. different ideas?

c. any water in the bottle?

d. many people in the store.

B elevator 엘리베이터 | building 건물 | different 다른 | idea 생각, 아이디어 | store 상점, 가게

C 다음 밑줄 친 부분을 바르게 고치세요.

1. There <u>are</u> not a cat on the chair.   ➡

2. There <u>is</u> two girls on the street.   ➡

3. There <u>is</u> many trees on the mountain.   ➡

4. <u>Are</u> there cold water in the fridge?   ➡

5. There <u>are</u> some food on the table.   ➡

D 다음 문장을 지시대로 바꿔 쓰세요.

1. There is a computer in the room.

   부정문 ➡

   의문문 ➡

2. There is a boat in the sea.

   부정문 ➡

   의문문 ➡

3. There is juice in the cup.

   부정문 ➡

   의문문 ➡

4. There are tall trees in this park.

   부정문 ➡

   의문문 ➡

📖 **C** mountain 산 | fridge 냉장고 | some 약간의   **D** computer 컴퓨터 | boat 배 | sea 바다 | tall 높은

다음 우리말과 같은 뜻이 되도록 빈칸에 알맞은 말을 쓰세요.

1. 바구니에 사과 한 개가 있다.

   ➡ _____ _____ an apple in the basket.

2. 강 위에 다리가 있니?

   ➡ _____ _____ a bridge over the river?

3. 부엌에 컵들이 없다.

   ➡ _____ _____ _____ cups in the kitchen.

4. 바닥에 책들이 있다.

   ➡ _____ _____ some books on the floor.

5. 이 마을에는 서점이 없다.

   ➡ _____ _____ _____ a bookstore in this town.

F 다음 우리말과 같은 뜻이 되도록 ( ) 안의 말을 바르게 배열하세요.

1. 저쪽에 건물이 있다. (is / there / a building)

   ➡ _____ over there.

2. 차 밑에 고양이가 있니? (there / a cat / is)

   ➡ _____ under the car?

3. 상자 안에 연필들이 있니? (pencils / are / there)

   ➡ _____ in the box?

4. 책상 위에 책들이 없다. (books / there / not / are)

   ➡ _____ on the desk.

5. 컵 안에 커피가 없다. (is / there / coffee / not)

   ➡ _____ in the cup.

Unit 13 일반동사의 긍정문

Let's Think

| 우리말 | **VS.** | 영어 |

우리말
나는 고양이를 좋아한다.
그녀는 고양이를 좋아한다.

우리말에서는 주어가 달라도
동사는 똑같은 모양이지.

영어
I **like** cats.
She **likes** cats.

영어에서는 주어가 다르면
동사 모양이 바뀌네!

 Find the Rule

A 다음 문장들의 굵은 글씨를 주의 깊게 살펴보세요. ▷

- I **like** animals. **162**
- You **have** an umbrella.
- They **watch** a movie.
- She **eats** ice cream.
- He **goes** to the library.
- She **washes** her hands.
- Tom **watches** a movie.
- He **studies** English.
- Ben **plays** baseball.
- She **has** many friends. **147**

B 위 문장들의 굵은 글씨에 대한 설명으로 올바른 것을 <u>모두</u> 찾아 ☐ 안에 ✔ 하세요.

1. 주어 뒤에 쓰여 현재의 동작이나 상태를 나타낸다. ☐

2. 주어에 따라 형태가 달라진다. ☐

3. 주어가 3인칭 단수일 때만, −s 또는 −es가 붙어 있다. ☐

   3-1. −o, −sh, −ch로 끝나는 단어 뒤에는 −s가 붙는다. ☐

   3-2. 「자음+−y」로 끝나는 단어는 y가 i로 바뀌고 −es가 붙는다. ☐

   3-3. 「모음+−y」로 끝나는 단어 뒤에는 −s가 붙는다. ☐

   3-4. has는 동사 have가 바뀐 것이다. ☐

📖 animal 동물 | umbrella 우산 | watch 보다 | movie 영화 | library 도서관 | wash 씻다 | baseball 야구

Apply the Rule

A 다음 문장들의 굵은 글씨를 주의 깊게 살펴보고, 앞에서 발견한 규칙이 바르게 적용되었는지 확인해 보세요.

01 I **have** a question. `135`

02 We **knows** the answer.

03 He **reads** a book.

04 It **moves** fast.

05 My sister **does** her homework.

06 She **washs** her hands.

07 He **teaches** English.

08 The baby **cries** all day.

09 Jenny **plaies** the piano.

10 He **has** big feet. `145`

✏ 세이펜을 각 번호에 대면 정답을 확인할 수 있어요.

B 굵은 글씨가 문법상 바르지 않은 문장의 번호를 쓰고 틀린 부분을 바르게 고쳐 보세요.

	⇒		⇒	
	⇒		⇒	
	⇒		⇒	
	⇒		⇒	

Make Your Own

⭐ 괄호 안의 단어를 활용하여 문장을 완성하세요.

1. 그 남자는 상자를 옮긴다. (carry)

The man _____ the box.

2. Kate는 9시에 학교에 간다. (go)

Kate _____ to school at 9:00.

01	I **have** a question. `135`	나는 질문이 있다.
02	We **know** the answer.	우리는 답을 알고 있다.

Rule 1

- • **일반동사:** 주어의 동작이나 상태를 나타내는 동사.
- • 주어가 I, you, we, they, 복수명사처럼 **3인칭 단수가 아닌 경우**, 동사의 원래 형태(동사원형)를 써요.

03	He **reads** a book.	그는 책을 읽는다.
04	It **moves** fast.	그것은 빠르게 움직인다.
05	My sister **does** her homework.	내 여동생은 숙제를 한다.
06	She **washes** her hands.	그녀는 손을 씻는다.
07	He **teaches** English.	그는 영어를 가르친다.
08	The baby **cries** all day.	아기가 온종일 운다.
09	Jenny **plays** the piano.	제니는 피아노를 친다.
10	He **has** big feet. `145`	그는 큰 발을 가지고 있다.

Rule 2

- • 주어가 he, she, it, Tom, my sister처럼 **3인칭 단수일 때**, 일반동사는 아래와 같이 형태가 달라져요.

일반동사의 형태	3인칭 단수형으로 만드는 규칙
대부분의 동사	**동사원형+-s** like**s**, eat**s**, know**s**, read**s**, move**s**
-o, -s, -sh, -ch, -x로 끝나는 동사	**동사원형+-es** go**es**, do**es**, pass**es**, wash**es**, watch**es**, fix**es**
「자음+-y」로 끝나는 동사	**-y → -ies** stud**ies**, cr**ies**, tr**ies**, fl**ies**
「모음+-y」로 끝나는 동사	**동사원형+-s** play**s**, stay**s**, enjoy**s**, say**s**, buy**s**

- • have → **has**처럼 불규칙하게 변하는 동사도 있어요.

Exercises

A 다음 문장에서 일반동사에 ○ 하세요.

1. I have a cold.

2. We go to school together.

3. He studies Chinese in school.

4. Jane and James come from England.

5. I read a book every day.

6. My mother cleans the house.

B 다음 ( ) 안에서 알맞은 단어를 고르세요.

1. My brother (have / haves / has) a camera.

2. I (walks / walk / walkes) to school.

3. He (plays / plaies / play) basketball after school.

4. My mother (cook / cooks / cookes) for my family.

5. He (watchs / watch / watches) TV every night.

6. Your teacher (wear / weares / wears) glasses.

7. She (like / likes / likies) sports.

8. Tom and Ben (eats / eat / eates) lunch at noon.

9. The turtle (movies / moves / move) really slowly.

10. A plane (fly / flyes / flies) in the sky.

📖 **A** have a cold 감기에 걸리다 ｜ together 함께, 같이 ｜ Chinese 중국어 ｜ come from ～ 출신이다 ｜ England 영국
B wear glasses 안경을 쓰다 ｜ noon 정오, 낮 12시 ｜ turtle 거북이 ｜ slowly 느리게

C 다음 문장의 주어를 바꿔 쓸 때 밑줄 친 동사를 알맞은 형태로 고쳐 쓰세요.

1. We <u>do</u> homework now. ➡ Ben _____ homework now.
2. I <u>play</u> the violin. ➡ My sister _____ the violin.
3. They <u>sing</u> very well. ➡ The girl _____ very well.
4. You <u>have</u> a nice smile. ➡ Jake _____ a nice smile.
5. She <u>listens</u> to music. ➡ The students _____ to music.

D 다음 우리말과 같은 뜻이 되도록 〈보기〉의 단어를 이용하여 문장을 완성하세요.

〈보기〉 come	have	teach	drive	make	enjoy

1. David는 학교에서 영어를 가르친다.
   ➡ David _____ English at school.

2. Jenny는 매우 빨리 운전한다.
   ➡ Jenny _____ very fast.

3. 그는 4시에 집에 온다.
   ➡ He _____ home at four o'clock.

4. Kate는 쿠키를 만든다.
   ➡ Kate _____ cookies.

5. 그녀의 남동생은 많은 장난감들을 가지고 있다.
   ➡ Her brother _____ many toys.

6. 그녀는 매년 크리스마스를 즐긴다.
   ➡ She _____ Christmas every year.

📖 **C** do homework 숙제하다 | smile 미소 | listen to ~을 듣다

E 다음 밑줄 친 부분을 바르게 고치세요.

1. They <u>tells</u> funny stories.　　➡

2. She <u>hear</u> news from her friends.　　➡

3. I <u>sits</u> next to her.　　➡

4. This train <u>pass</u> the tunnel.　　➡

5. Eric and Lisa <u>likes</u> each other.　　➡

F 다음 문장 중 바른 것은?

1. ① She dance to the music.
　② My dog like a ball.
　③ I stays at home.
　④ You has water in the bag.
　⑤ Tom and Mina go to school together.

2. ① We listens to the teacher.
　② She studys very hard.
　③ I do my homework.
　④ They drinks lots of milk.
　⑤ The boy like animals.

3. ① You needs a rest.
　② She fixs her computer.
　③ My sister buys red roses.
　④ Rob and his brother does everything together.
　⑤ We knows that girl.

📖 **E** tunnel 터널 | each other 서로　**F** stay 머물다 | hard 열심히 | lots of 많은 | rest 휴식 | fix 고치다

Unit

14 일반동사의 부정문

Let's Think

우리말	**VS.**	영어
그는 일찍 일어난다.		He **wakes** up early.
그는 일찍 일어나지 않는다.		He **does not wake** up early.
우리말은 '~하지 않는다', '~않다'라고 하지.		영어는 뭔가 많이 바뀌었네?

Find the Rule

Ⓐ 다음 문장들의 굵은 글씨를 주의 깊게 살펴보세요. ▷

- I **don't like** summer. ⬅ I like summer.

- You **don't wear** glasses. ⬅ You wear glasses.

- We **do not have** homework. ⬅ We have homework.

- They **do not drink** coffee. ⬅ They drink coffee.

- He **does not eat** hamburgers. ⬅ He eats hamburgers.

- She **doesn't like** him. ⬅ She likes him.

- It **doesn't look** good. ⬅ It looks good.

Ⓑ 위 문장들의 굵은 글씨에 대한 설명으로 올바른 것을 <u>모두</u> 찾아 ☐ 안에 ✔ 하세요.

1. do not, don't, does not, doesn't 뒤에 동사가 온 형태이다. ☐

2. 모두 일반동사의 원형 앞에 쓰인다. ☐

3. 주어가 I, You, We, They일 때, do not 또는 don't로 쓰인다. ☐

4. 주어가 3인칭 단수일 때, does not 또는 doesn't로 쓰인다. ☐

5. does not과 doesn't 뒤에 오는 동사에는 -s 또는 -es가 붙는다. ☐

📖 summer 여름 | wear glasses 안경을 쓰다 | coffee 커피 | hamburger 햄버거 | look ~해 보이다

Apply **the Rule**

Ⓐ 다음 문장들의 굵은 글씨를 주의 깊게 살펴보고, 앞에서 발견한 규칙이 바르게 적용되었는지 확인해 보세요. ▷

✏ 세이펜을 각 번호에 대면 정답을 확인할 수 있어요.

01	I **don't have** time. `191`
02	You **do not know** her.
03	We **need not** a pencil.
04	They **don't watch** TV.
05	Kevin and Tom **doesn't like** noodles.
06	He **does not like** vegetables.
07	She **doesn't lives** near here.
08	It **doesn't taste** good.
09	My brother **don't read** books.
10	Kate **doesn't go** to school by bus.

Ⓑ 굵은 글씨가 문법상 바르지 <u>않은</u> 문장의 번호를 쓰고 틀린 부분을 바르게 고쳐 보세요.

	➡		➡	
	➡		➡	
	➡		➡	
	➡		➡	

Make **Your Own**

⭐ 괄호 안의 단어를 활용하여 문장을 완성하세요.

1. Kate는 오늘 수업이 없다. (have)

Kate _____ _____ class today.

2. 많은 아이들이 우유를 마시지 않는다. (drink)

Many children _____ _____ milk.

01 I **don't have** time. `191`　　　나는 시간이 없다.

02 You **do not know** her.　　　너는 그녀를 모른다.

03 We **don't need** a pencil.　　　우리는 연필이 필요하지 않다.

04 They **don't watch** TV.　　　그들은 TV를 보지 않는다.

05 Kevin and Tom **don't like** noodles.　　　케빈과 톰은 국수를 좋아하지 않는다.

 Rule 1

- **일반동사의 부정문:** be동사의 부정문과 달리 일반동사의 부정문은 do의 도움을 받아요. do not(줄임말: **don't**)이나 does not(줄임말: **doesn't**)을 일반동사의 원형 앞에 써서 나타냅니다.

- **주어가 I, You, We, They 또는 복수명사일 때**

| 주어
(I, You, We, They/복수명사) | **+** | do not
[don't] | **+** | 동사원형 |

06 He **does not like** vegetables.　　　그는 채소를 좋아하지 않는다.

07 She **doesn't live** near here.　　　그녀는 여기 근처에 살지 않는다.

08 It **doesn't taste** good.　　　그것은 맛이 좋지 않다.

09 My brother **doesn't read** books.　　　내 남동생은 책을 읽지 않는다.

10 Kate **doesn't go** to school by bus.　　　케이트는 학교에 버스를 타고 가지 않는다.

 Rule 2

- **주어가 3인칭 단수(He, She, It 또는 단수명사)일 때**

| 주어
(He, She, It/단수명사) | **+** | does not
[doesn't] | **+** | 동사원형 |

Exercises

A 다음 문장에서 don't나 doesn't가 들어갈 위치를 고르세요.

1. I ① go ② to ③ sleep late.

2. You ① need ② a new ③ backpack.

3. The ① children ② like ③ dance music.

4. She ① write ② with ③ a pen.

5. Lily ① and ② her sister ③ play computer games.

6. Mike and Jane ① clean ② the ③ classroom.

7. The ① boy ② live ③ here.

B 다음 ( ) 안에서 알맞은 것을 고르세요.

1. His sister (don't / doesn't) eat breakfast.

2. They (don't / doesn't) have an umbrella.

3. You (don't / doesn't) need an eraser.

4. The library (don't / doesn't) open on Tuesdays.

5. Tom and his sister (don't / doesn't) go to the same school.

6. Your uncle (don't / doesn't) sell fruit.

7. I (don't / doesn't) remember his name.

8. He (don't / doesn't) play the piano.

9. She (don't / doesn't) have short hair.

10. We (don't / doesn't) speak Chinese.

📖 **A** go to sleep 잠들다 | backpack 책가방　**B** breakfast 아침 식사 | same 같은 | sell 팔다 | fruit 과일
remember 기억하다 | Chinese 중국어

C 다음 밑줄 친 부분을 바르게 고치세요.

1. She <u>don't</u> keep a diary.　　　➡

2. Many students don't <u>wants</u> homework.　　　➡

3. They <u>doesn't</u> play soccer after school.　　　➡

4. He doesn't <u>has</u> a pencil.　　　➡

5. You don't <u>knows</u> the answer.　　　➡

D 다음 문장을 부정문으로 바꿔 쓰세요.

1. They take a break.
   ➡

2. You get up early.
   ➡

3. Paul likes bananas.
   ➡

4. They go swimming in winter.
   ➡

5. He studies hard.
   ➡

6. Lucy rides a bike.
   ➡

📖 **C** keep a diary 일기를 쓰다 | after school 방과 후에 | answer 답　**D** take a break 잠시 휴식을 취하다
get up 일어나다 | early 일찍 | go swimming 수영하러 가다 | hard 열심히 | ride 타다

E 다음 빈칸에 don't 또는 doesn't를 넣을 때, 들어갈 말이 <u>다른</u> 하나는?

1. ① You _____ believe me.

② The students _____ listen to the radio.

③ My sister _____ read comic books.

④ They _____ sing in class.

⑤ We _____ want that T-shirt.

2. ① He _____ watch TV on weekends.

② She _____ wear a raincoat.

③ The child _____ exercise in the park.

④ Jenny and Sara _____ drink milk.

⑤ My brother _____ watch movies.

F 다음 빈칸에 들어갈 말로 알맞은 것은?

1. I _____ long hair.

① don't has   ② has   ③ doesn't has

④ doesn't have   ⑤ don't have

2. The boy _____ the drums.

① play   ② don't play   ③ doesn't play

④ playes   ⑤ don't plays

3. She _____ her bike to school every day.

① doesn't rides   ② don't ride   ③ ride

④ don't rides   ⑤ doesn't ride

📖 **E** believe 믿다 | comic book 만화책 | raincoat 우비 | exercise 운동하다   **F** play drums 북[드럼]을 연주하다

Unit

15 일반동사의 의문문

Let's Think

우리말	**VS.**	영어

그는 일찍 **일어**난다.

그는 일찍 **일어**나니?

우리말은 문장의
뒷부분만 바뀌네.

He **wakes** up early.

Does he **wake** up early?

영어는 뭔가 많이
바뀌었네?

 Find the Rule

Ⓐ 다음 문장들의 굵은 글씨를 주의 깊게 살펴보세요. ▷

- **Do I know** you? ◀ I know you.
- **Do you have** an eraser? **196** ◀ You have an eraser.
- **Do we have** homework? ◀ We have homework.
- **Do they come** early? ◀ They come early.
- **Does he wear** glasses? **206** ◀ He wears glasses.
- **Does she go** to this school? **210**
  ◀ She goes to this school.
- **Does it look** good? ◀ It looks good.

Ⓑ 위의 각 첫 번째 문장들에 대한 설명으로 올바른 것을 <u>모두</u> 찾아 ☐ 안에 ✔ 하세요.

1. 물음표로 끝나는 의문문이다. ☐

2. Do나 Does로 시작한다. ☐

3. 주어가 3인칭 단수일 때는 Does로 시작한다. ☐

4. 주어 뒤에는 모두 동사원형이 온다. ☐

5. 주어가 3인칭 단수일 때, 주어 뒤에 오는 동사에 −s 또는 −es가 붙는다. ☐

📖 know 알다 | eraser 지우개 | wear glasses 안경을 쓰다 | look ～해 보이다

Apply **the Rule**

Ⓐ 다음 문장들의 굵은 글씨를 주의 깊게 살펴보고, 앞에서 발견한 규칙이 바르게 적용되었는지 확인해 보세요. ▷

세이펜은 각 번호에 대면 정답을 확인할 수 있어요.

01 **Do I know** you?

02 **Do you have** an eraser? `196`

03 **Do we have** milk?

04 **Do they play** baseball?

05 **Does your parents like** dogs?

06 **Does he wear** glasses? `206`

07 **Does she has** a brother? `207`

08 **Does Tom study** Korean?

09 **Does your sister likes** ice cream?

10 **Do your dog bite**?

Ⓑ 굵은 글씨가 문법상 바르지 <u>않은</u> 문장의 번호를 쓰고 틀린 부분을 바르게 고쳐 보세요.

	➡		➡	
	➡		➡	
	➡		➡	
	➡		➡	

Make **Your Own**

★ 괄호 안의 단어를 활용하여 문장을 완성하세요.

1. 너는 그 가수를 아니? (know)

_____ _____ _____ the singer?

2. 그녀가 그 책을 가지고 있니? (have)

_____ _____ _____ the book?

01	**Do I know** you?	내가 당신을 아나요?
02	**Do you have** an eraser? `196`	너는 지우개를 가지고 있니?
03	**Do we have** milk?	우리는 우유가 있니?
04	**Do they play** baseball?	그들은 야구를 하니?
05	**Do your parents like** dogs?	너희 부모님은 개를 좋아하시니?

Rule 1
- 일반동사의 의문문: Do나 Does로 시작합니다. 이때 주어 뒤에는 항상 동사원형이 온다는 것을 기억하세요.
- 주어가 I, you, we, they 또는 복수명사일 때

 + 주어 (I, you, we, they/복수명사) + 동사원형 ~?

06	**Does he wear** glasses? `206`	그는 안경을 쓰니?
07	**Does she have** a brother? `207`	그녀는 남동생이 있니?
08	**Does Tom study** Korean?	톰은 한국어를 공부하니?
09	**Does your sister like** ice cream?	네 여동생은 아이스크림을 좋아하니?
10	**Does your dog bite**?	너희 개는 물어?

Rule 2
- 주어가 3인칭 단수(he, she, it 또는 단수명사)일 때

Does + 주어 (he, she, it/단수명사) + 동사원형 ~?

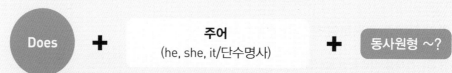

긍정의 대답	부정의 대답
Yes. 주어 + **do/does**.	**No**. 주어 + **don't/doesn't**.

Exercises

A 다음 ( ) 안에서 알맞은 단어를 고르세요.

1. (Do / Does) you know Chris?

2. (Do / Does) they play soccer?

3. (Do / Does) she run fast?

4. (Do / Does) you have any questions?

5. (Do / Does) he ride a bike?

6. (Do / Does) we need more snacks?

7. (Do / Does) this bus come often?

B 다음 문장을 의문문으로 바꿔 쓰세요.

1. You have an umbrella. ➡

2. You need help. ➡

3. He wears glasses. ➡

4. She lives in the city. ➡

5. He works at the bank. ➡

6. She has a pet. ➡

7. He speaks English. ➡

8. She likes vegetables. ➡

📖 **A** run 달리다 | question 질문 | often 자주 **B** help 도움 | live 살다 | bank 은행 | pet 애완동물 | speak 말하다
vegetable 채소

C 다음 질문에 알맞은 대답을 고르세요.

1. Do you watch TV at night?
   a. No, I don't.
   b. No, don't I.

2. Do you walk to school?
   a. Yes, I do.
   b. No, I doesn't.

3. Does she play the piano?
   a. No, she do.
   b. No, she doesn't.

4. Does he have a sister?
   a. Yes, he doesn't.
   b. Yes, he does.

D 다음 밑줄 친 부분을 바르게 고치세요.

1. <u>Do</u> he study English hard?　　➡

2. <u>Eat you</u> breakfast every day?　　➡

3. Does he <u>wants</u> a new cell phone?　　➡

4. Does this bus <u>goes</u> to school?　　➡

5. <u>Does</u> they go shopping?　　➡

6. Do Ben and Tom <u>has</u> math class?　　➡

7. <u>Do</u> your sister like cats?　　➡

8. <u>Does</u> Kate and Jane clean the classroom?　　➡

9. <u>Does</u> babies drink milk?　　➡

10. Do the students <u>solves</u> the problems?　　➡

📖 **C** watch 보다 | night 밤 | walk 걷다 | play the piano 피아노를 치다　**D** hard 열심히 | want 원하다
cell phone 휴대전화 | go shopping 쇼핑하러 가다 | math class 수학 수업 | problem 문제

E 다음 우리말과 같은 뜻이 되도록 ( ) 안에 주어진 말을 이용하여 문장을 완성하세요.

1. 그들은 햄버거를 좋아하니? (they, like)

➡ _____ hamburgers?

2. 너는 매일 숙제를 하니? (you, do your homework)

➡ _____ every day?

3. 너와 너의 언니는 자주 요리를 하니? (you and your sister, cook)

➡ _____ often?

4. Mike는 병원에 가니? (Mike, go)

➡ _____ to the hospital?

5. 그녀는 갈색 눈을 가지고 있니? (she, have)

➡ _____ brown eyes?

6. 그는 저녁을 가족들과 먹니? (he, eat dinner)

➡ _____ with his family?

7. Jenny는 꽃을 사니? (Jenny, buy)

➡ _____ flowers?

8. 그들은 주말에 농구를 하니? (they, play basketball)

➡ _____ on weekends?

9. 그들은 음악 수업에서 노래를 부르니? (they, sing)

➡ _____ in music class?

10. 너희 아빠는 뉴스를 보시니? (your dad, watch)

➡ _____ the news?

Unit

16

형용사

Let's Think

우리말	**VS.**	영어
그녀는 유명한 가수이다. 그 가수는 유명하다.		She is a **famous** singer. The singer is **famous**.
우리말은 의미는 비슷하지만, 모양이 다르지!		영어는 모양이 같아!

Ⓐ 다음 문장들의 굵은 글씨를 주의 깊게 살펴보세요. ▷

- This is a **big** problem. **005**
- I hate **hot** weather. **176**
- Tom likes his **new** shirt.
- The **green** shoes are mine.
- I have **two** brothers.
- The dogs are **big**.
- The weather is **hot**.
- This camera is **new**.

Ⓑ 위 문장들의 굵은 글씨에 대한 설명으로 올바른 것을 <u>모두</u> 찾아 ☐ 안에 ✔ 하세요.

1. 명사 앞에 있는 것은 모두 뒤에 오는 명사를 꾸며 주는 말이다. ☐
2. 명사 앞에 있을 때는 뒤에 오는 명사의 특징, 성질, 상태를 나타낸다. ☐
3. a/an이나 the 앞에 온다. ☐
4. his와 같은 소유격 대명사 뒤에 온다. ☐
5. be동사 뒤에 오는 것은 모두 주어의 모습이나 상태를 설명해 준다. ☐

📖 problem 문제 | hate 싫어하다 | camera 카메라

Apply the Rule

Ⓐ 다음 문장들의 굵은 글씨를 주의 깊게 살펴보고, 앞에서 발견한 규칙이 바르게 적용되었는지 확인해 보세요.

---

01   **The tall man** is my dad.

02   Ben is **nice a boy**.

03   She likes **blue her shirt**.

04   There are **four people** in my family.   `113`

05   I hate **rainy days**.   `174`

06   I don't like **foods salty**.

07   This cake **is delicious**.

08   Her eyes **are brown**.

09   My mom **is angry**.

10   These oranges **sweet are**.

✎ 세이펜을 각 번호에 대면 정답을 확인할 수 있어요.

Ⓑ 굵은 글씨가 문법상 바르지 <u>않은</u> 문장의 번호를 쓰고 틀린 부분을 바르게 고쳐 보세요.

	➡		➡	
	➡		➡	
	➡		➡	
	➡		➡	

Make Your Own

⭐ 괄호 안의 단어를 활용하여 문장을 완성하세요.

1. Tom은 정답을 알고 있다. (answer, the, right)

   Tom knows _____ _____ _____ .

2. Kate는 따뜻한 스웨터를 입고 있다. (warm, a, sweater)

   Kate wears _____ _____ _____ .

Check the Rule Again

01	The **tall** man is my dad.	그 키 큰 남자는 우리 아빠다.
02	Ben is a **nice** boy.	벤은 착한 소년이다.
03	She likes her **blue** shirt.	그녀는 자신의 파란 셔츠를 좋아한다.
04	There are **four** people in my family. `113`	우리 가족은 4명이다.
05	I hate **rainy** days. `174`	나는 비가 오는 날을 싫어한다.
06	I don't like **salty** foods.	나는 짠 음식을 좋아하지 않는다.

⬇

Rule 1 · 명사를 꾸며 주는 형용사: '~한'이라는 뜻으로 명사를 앞에서 꾸며 줘요.

> a/an, the
> 소유격 대명사
> (my, his, her 등)
> ＋ 형용사 ＋ 명사

크기/모양	big, small, tall, short, round	수	one, two, three
성질/상태	new, old, nice, pretty	날씨	sunny, rainy, snowy
색깔	red, blue, yellow, brown	맛	sweet, salty, sour

07	This cake is **delicious**.	이 케이크는 맛있다.
08	Her eyes are **brown**.	그녀의 눈은 갈색이다.
09	My mom is **angry**.	우리 엄마는 화가 나셨다.
10	These oranges are **sweet**.	이 오렌지들은 달다.

⬇

Rule 2 · 주어를 설명해 주는 형용사: be동사 뒤에 와서 '~하다'라는 뜻으로 주어를 보충 설명해 주기도 해요.

> 주어 ＋ be동사 ＋ 형용사

Exercises ●━━━●━━━●━━━●━━━●━━━●

A 다음 문장에서 형용사에 ○ 하고, 형용사가 꾸며 주는 명사에 밑줄을 치세요.

1. It is a small car.

2. He is an honest man.

3. Jane has long hair.

4. There is a cute baby.

5. They are delicious cookies.

6. We have the same pen.

7. He is a great musician.

8. He has an expensive computer.

9. She has a pretty necklace.

10. These are easy problems.

B 다음 문장에서 밑줄 친 부분을 설명해 주는 말에 ○ 하세요.

1. His car is white.

2. My brother is lazy.

3. This movie is interesting.

4. My shoes are wet.

5. The building is high.

6. Your room is clean.

📖 **A** honest 정직한, 솔직한 | same 같은 | musician 음악가 | expensive 비싼 | necklace 목걸이 **B** lazy 게으른
interesting 재미있는 | wet 젖은 | high 높은

C 다음 문장에서 ( ) 안의 단어가 들어갈 위치를 고르세요.

1. (dangerous)   Some snakes ① are ② .

2. (new)   She ① is ② my ③ teacher.

3. (red)   My ① friend ② likes ③ her ④ pencil case.

4. (strong)   My dad ① is ② a ③ person.

5. (famous)   He ① is ② a ③ painter ④ .

6. (cold)   ① I ② like ③ fresh and ④ juice.

D 주어진 단어를 알맞은 위치에 넣어 문장을 완성하세요.

1. We live in a city. (big)

➡

2. That is a knife. (sharp)

➡

3. She is a singer. (famous)

➡

4. My mom buys vegetables. (fresh)

➡

5. Those are questions. (difficult)

➡

📖 **C** dangerous 위험한 | some 일부의, 어떤 | snake 뱀 | pencil case 필통 | strong 튼튼한, 강한
famous 유명한 | painter 화가 **D** sharp 날카로운 | question 질문

E 다음 ( ) 안에서 의미상 알맞은 것을 고르세요.

1. It is (hot / tall) tea.

2. This pizza is (rainy / sweet).

3. These are (new / slow) bags.

4. This is an (empty / easy) seat.

5. I don't like (busy / cold) weather.

6. They live in a (beautiful / sour) house.

7. He talks in a (loud / brown) voice.

F 주어진 말을 이용하여 우리말에 맞게 영작하세요.

1. 그는 큰 차를 운전한다. (a, car, big)

　➡ He drives _____.

2. 이것은 재미있는 책이다. (an, book, interesting)

　➡ This is _____.

3. 낡은 건물이 있다. (building, old, an)

　➡ There is _____.

4. 그녀는 친절한 간호사이다. (friendly, a, nurse)

　➡ She is _____.

5. 나는 내 새 코트가 좋다 (coat, new, my)

　➡ I like _____.

6. 선생님은 재미있는 이야기를 해 주신다. (stories, funny)

　➡ The teacher tells _____.

📖 **E** tea 차 | seat 자리, 좌석 | voice 목소리

17 many/much, some/any, all/every

Unit

Let's Think

우리말	**VS.**	영어
모든 아기들은 귀엽다. 모든 책들이 재미있다.		**All** babies are cute. **Every** book is interesting.
우리말은 뒤에 오는 말과 관계없이 '모든'이라고 쓰이지.		영어는 둘 다 '모든'이라는 뜻인데 모양이 다르네!

 Find the Rule

A 다음 문장들의 굵은 글씨를 주의 깊게 살펴보세요. ▷

- Ben has **many** books.
- We don't have **much** time.
- There are **some** problems. `108`
- I need **some** sleep. `179`
- I don't have **any** plans.
- Is there **any** water? `117`
- **All** pigs have a short tail.
- **Every** room is clean.

B 위 문장들의 굵은 글씨에 대한 설명으로 올바른 것을 <u>모두</u> 찾아 ☐ 안에 ✔ 하세요.

1. 모두 명사 앞에 온다. ☐
2. many 뒤에는 복수명사가 온다. ☐
3. much 뒤에는 셀 수 있는 명사가 온다. ☐
4. some은 뒤에 복수명사와 셀 수 없는 명사 둘 다 올 수 있다. ☐
5. any는 뒤에 복수명사와 셀 수 없는 명사 둘 다 올 수 있다. ☐
6. some은 긍정문에 쓰이고 any는 부정문에 쓰인다. ☐
7. all은 뒤에 복수명사가 올 수 있다. ☐
8. every는 단수명사 앞에 쓰인다. ☐

📖 problem 문제 | need ~이 필요하다 | sleep 잠 | plan 계획 | short 짧은 | tail 꼬리 | clean 깨끗한

Apply the Rule

A 다음 문장들의 굵은 글씨를 주의 깊게 살펴보고, 앞에서 발견한 규칙이 바르게 적용되었는지 확인해 보세요.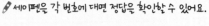

---

01 Does he have **many** friends?

02 There isn't **many** water in the desert.

03 There are **some** problems.　108

04 I need **some** money.

05 Do you want **some** cookies?

06 Jack doesn't drink **some** coffee.

07 Do you have **any** plans today?　202

08 **Every** pigs have a short tail.

09 Kevin answers **all** the questions.

10 **All** room is clean.

세이펜을 각 번호에 대면 정답을 확인할 수 있어요.

B [many/much], [some/any], [all/every]로 짝지어진 것 중 굵은 글씨가 문법상 바르지 <u>않은</u> 문장의 번호를 쓰고 틀린 부분을 바르게 고쳐 보세요.

	➡		➡	
	➡		➡	
	➡		➡	
	➡		➡	

Make Your Own

⭐ 괄호 안의 단어를 활용하여 문장을 완성하세요.

1. 몇몇 아이들이 수영장에서 수영을 한다. (some, child)

　　　　　　　　　　　　　　　　　swim in the pool.

2. Judy는 모든 꽃을 좋아한다. (all, flower)

Judy likes 　　　　　　　　　　　　　　　　　.

Check the Rule Again

01	Does he have **many** friends?	그는 친구가 많이 있니?
02	There isn't **much** water in the desert.	사막에는 물이 많이 있지 않다.

⬇

Rule 1　• many와 much: 둘 다 '많은'이라는 뜻이지만, 쓰임이 달라요.

many	복수명사 앞	much	셀 수 없는 명사 앞

03	There are **some** problems. `108`	문제들이 좀 있다.
04	I need **some** money.	나는 돈이 좀 필요하다.
05	Do you want **some** cookies?	쿠키 좀 먹을래?
06	Jack doesn't drink **any** coffee.	잭은 커피를 조금도 마시지 않는다.
07	Do you have **any** plans today? `202`	너는 오늘 계획이 좀 있니?

Rule 2　• some과 any: 명사 앞에 쓰여 많지 않은 수나 양을 나타내요.

some	긍정문	몇몇의, 약간의, 조금
	의문문	약간의, 조금 ('권유'나 '부탁')
any	부정문	조금도 ~없는[하지 않는]
	의문문	약간의, 조금

+

복수명사

셀 수 없는 명사

08	**All** pigs have a short tail.	모든 돼지는 짧은 꼬리를 가지고 있다.
09	Kevin answers **all** the questions.	케빈은 모든 질문에 대답한다.
10	**Every** room is clean.	모든 방이 깨끗하다.

Rule 3　• all과 every: 둘 다 '모든'이라는 뜻이지만, 쓰임이 달라요.

all	복수명사 앞	every	단수명사 앞

*all 뒤에는 셀 수 없는 명사도 올 수 있어요. (all the money)

Exercises

A 다음 ( ) 안에서 알맞은 것을 고르세요.

1. Sam has (some / any) books.

2. (All / Every) puppy is cute.

3. I don't drink (many / much) water.

4. I eat (some / any) bread.

5. I clean (all / every) the windows in the classroom.

6. Do you have (many / much) homework?

7. My dad doesn't drink (some / any) coffee.

8. (All / Every) the students are nice.

9. We don't have (some / any) money.

10. There are (many / much) trees.

11. We play (all / every) game.

12. Do you have (some / any) pens?

13. We don't need (many / much) potatoes.

14. I can solve (all / every) the problems.

15. He asks (many / much) questions.

16. I like (all / every) fruits.

📖 **A** puppy 강아지 | cute 귀여운 | clean 청소하다 | window 창문 | nice 친절한 | potato 감자
ask 물어보다 | fruit 과일

B 다음 우리말과 같은 뜻이 되도록 〈보기〉에서 알맞은 것을 골라 문장을 완성하세요.

〈보기〉   some   all   many   any   every   much

1. 우리 엄마는 많은 샌드위치를 만드신다.
➡ My mom makes _____ sandwiches.

2. 나는 돈을 조금도 가지고 있지 않다.
➡ I don't have _____ money.

3. 책상 위에 몇 권의 책이 있다.
➡ There are _____ books on the desk.

4. 톰은 모든 채소를 좋아한다.
➡ Tom likes _____ vegetable.

5. 여기의 모든 공책은 싸다.
➡ _____ the notebooks here are cheap.

6. Jack은 많은 빵을 굽니?
➡ Does Jack bake _____ bread?

C 다음 빈칸에 들어갈 말로 알맞지 <u>않은</u> 것은?

1. We don't have much _____.

① sugar   ② bread   ③ egg
④ honey   ⑤ milk

2. The store sells some _____.

① toy   ② cookies   ③ food
④ books   ⑤ juice

📖 **C** sugar 설탕 | honey 꿀 | store 가게 | sell 팔다

D 다음 빈칸에 many 또는 much를 넣을 때, 들어갈 말이 <u>다른</u> 하나는?

① There is not _____ butter.

② There are _____ people here.

③ We don't want _____ candies.

④ You have _____ books.

⑤ _____ children like this game.

E 다음 빈칸에 all 또는 every를 넣을 때, 들어갈 말이 <u>다른</u> 하나는?

① _____ book is interesting.

② _____ elephant is big.

③ _____ women love the actor.

④ Amy knows _____ answer to the test.

⑤ I watched _____ movie in this list.

F 다음 문장 중 바르지 <u>않은</u> 것은?

1. ① We don't drink much milk.

② My brother has some toys.

③ There are many animals in the zoo.

④ Jake studies every subjects.

⑤ Do you have any plans today?

2. ① I need some salt.

② Emily likes all flowers.

③ There are many cars on the road.

④ She doesn't have any homework.

⑤ There is many juice in the bottle.

📖 **D** butter 버터 **E** elephant 코끼리 | actor 배우 | list 목록 **F** subject 과목 | salt 소금 | road 도로
bottle 병

Unit 18 부사

Let's Think

우리말	VS.	영어

우리말

나는 이 문제를 쉽게 풀었다.
나는 오늘 매우 바쁘다.

우리말에는 '어떻게, 언제, 얼마나' 같이 의미를 더해 주는 말들이 있지.

영어

I solved this problem **easily**.
I'm **very** busy **today**.

영어에도 똑같은 말들이 있네!

Find the Rule

A 다음 문장들의 굵은 글씨를 주의 깊게 살펴보세요. ▷

- Jenny speaks **quietly**.
- You are **very** helpful.　**052**
- He eats **too slowly**.
- My mom drives **carefully**.
- My grandfather speaks **gently**.
- He solved the problem **easily**.
- Ben runs **fast**.

Sorry

B 위 문장들의 굵은 글씨에 대한 설명으로 올바른 것을 <u>모두</u> 찾아 ☐ 안에 ✔ 하세요.

1. quietly, slowly, carefully, gently, easily, fast는 동사를 꾸며 준다. ☐

2. very는 '매우'라는 의미로 형용사 helpful을 꾸며 준다. ☐

3. too는 '너무'라는 의미로 부사 slowly를 꾸며 준다. ☐

4. quietly, slowly, carefully는 형용사 quiet, slow, careful 뒤에 −ly가 붙은 형태이다. ☐

5. gentle처럼 −le로 끝나는 단어는 e 뒤에 −ly가 붙는다. ☐

6. easy처럼 「자음＋−y」로 끝나는 단어는 y가 i로 바뀌고 −ly가 붙는다. ☐

7. fast는 형용사 fast(빠른)와 모양은 같지만 '빠르게'라는 의미이다. ☐

📖 speak 말하다 | quietly 조용하게 | very 매우 | helpful 도움이 되는 | too 너무 | slowly 천천히
drive 운전하다 | carefully 조심스럽게 | gently 다정하게 | solve (문제 등을) 풀다 | problem 문제
easily 쉽게

Apply the Rule

Ⓐ 다음 문장들의 굵은 글씨를 주의 깊게 살펴보고, 앞에서 발견한 규칙이 바르게 적용되었는지 확인해 보세요.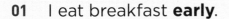

01 I eat breakfast **early**.

02 She **careful** cuts the apples.

03 You are **so** funny. 050

04 He studies **very hard**.

05 She talks **kindly** to people.

06 Kate sings **beautifully**.

07 My grandfather speaks **gentlely**.

08 They smile **happyly**.

09 My brother goes to bed **late**.

10 He doesn't drive **fastly**.

✎ 세이펜을 각 번호에 대면 정답을 확인할 수 있어요.

Ⓑ 굵은 글씨가 문법상 바르지 <u>않은</u> 문장의 번호를 쓰고 틀린 부분을 바르게 고쳐 보세요.

	➡		➡	
➡		➡	
➡		➡	
➡		➡	

Make Your Own

⭐ 괄호 안의 단어를 활용하여 문장을 완성하세요.

1. Mr. Brown은 하루 종일 바쁘게 일한다. (busy)

Mr. Brown works _____ all day long.

2. 우리는 도서관에서 조용히 말한다. (quiet)

We talk _____ in the library.

01	I eat breakfast **early**.	나는 아침을 일찍 먹는다.
02	She **carefully** cuts the apples.	그녀는 조심스럽게 사과들을 자른다.
03	You are **so** funny.　**050**	너는 정말 재미있다.
04	He studies **very hard**.	그는 매우 열심히 공부한다.
05	She talks **kindly** to people.	그녀는 사람들에게 친절하게 말한다.
06	Kate sings **beautifully**.	케이트는 아름답게 노래한다.
07	My grandfather speaks **gently**.	우리 할아버지는 다정하게 말씀하신다.
08	They smile **happily**.	그들은 행복하게 웃는다.
09	My brother goes to bed **late**.	내 남동생은 늦게 잠자리에 든다.
10	He doesn't drive **fast**.	그는 빠르게 운전하지 않는다.

Rule

- **부사의 역할:** '언제, 어떻게, 어디서, 얼마나' 등의 의미를 나타내는 말로, 동사, 형용사, 다른 부사를 꾸며 줘요. 주로 '~하게'라고 해석해요.

언제	early, today, now, soon	어디서	here, there
어떻게	quietly, slowly, carefully	얼마나	very, too, really

- **부사의 형태:** 주로 형용사 뒤에 –ly를 붙여서 만들어요.

형용사의 형태	부사로 만드는 규칙
대부분의 형용사	**형용사 +-ly**
-le로 끝나는 형용사	**e를 빼고 +-y** gentle-gent**ly**, simple-simp**ly**
「자음 +-y」로 끝나는 형용사	**-y → -ily** easy-eas**ily**, busy-bus**ily**, heavy-heav**ily**

형용사와 모양이 같은 부사	fast-**fast**, early-**early**, late-**late** high-**high**, low-**low**, hard-**hard**
형용사와 모양이 전혀 다른 부사	good 훌륭한-**well** 잘

Exercises

A 다음 단어의 부사 형태를 쓰세요.

1. beautiful ➡	**11.** good ➡
2. heavy ➡	**12.** quiet ➡
3. high ➡	**13.** different ➡
4. quick ➡	**14.** honest ➡
5. fast ➡	**15.** lucky ➡
6. easy ➡	**16.** sad ➡
7. slow ➡	**17.** happy ➡
8. safe ➡	**18.** bad ➡
9. late ➡	**19.** early ➡
10. hard ➡	**20.** careful ➡

B 다음 문장에서 부사에 ◯ 하고, 부사가 꾸며 주는 것에 ✔ 하세요.

1. Jane dances beautifully.　　　　☐ 형용사　☐ 동사

2. John solves math problems easily.　☐ 형용사　☐ 동사

3. My sister swims well.　　　　　☐ 형용사　☐ 동사

4. I am really sorry.　　　　　　☐ 형용사　☐ 동사

5. He drives his car dangerously.　　☐ 형용사　☐ 동사

📖 **A** safe 안전한 | hard 어려운; 힘든 | different 다른 | honest 정직한 | lucky 운이 좋은, 행운의
　B dance 춤을 추다 | math 수학 | really 정말로

C 다음 문장에서 밑줄 친 말이 형용사인지, 부사인지 고르세요.

1. a. I wake up <u>early</u>.   ☐ 형용사   ☐ 부사

     b. I exercise in the <u>early</u> morning.   ☐ 형용사   ☐ 부사

2. a. Harry studies <u>hard</u> every day.   ☐ 형용사   ☐ 부사

     b. It can be <u>hard</u> work.   ☐ 형용사   ☐ 부사

3. a. Sam runs <u>fast</u>.   ☐ 형용사   ☐ 부사

     b. Lucy is a <u>fast</u> runner.   ☐ 형용사   ☐ 부사

4. a. There is a <u>high</u> building.   ☐ 형용사   ☐ 부사

     b. The bird flies <u>high</u>.   ☐ 형용사   ☐ 부사

5. a. Jessie comes to class <u>late</u>.   ☐ 형용사   ☐ 부사

     b. I eat a <u>late</u> breakfast on weekends.   ☐ 형용사   ☐ 부사

D 다음 ( ) 안에서 알맞은 것을 고르세요.

1. The students cross the street (safe / safely).

2. The player can throw the ball very (fast / fastly).

3. The students are (quiet / quietly) in class.

4. I can solve the problem (different / differently).

5. You can (easy / easily) find it on the desk.

6. Tom talks (nice / nicely) to people.

7. Ben is a (kind / kindly) boy.

8. Your bag is (heavy / heavily).

📖 **C** wake up (잠에서) 깨다 | exercise 운동하다 | morning 아침 | every day 매일 | work (해야 할) 일
runner 달리는 사람 | weekend 주말   **D** cross 건너다 | player 선수 | throw 던지다

E 다음 중 올바른 문장에는 ○, 틀린 문장에는 ✕ 하고 틀린 곳을 바르게 고치세요.

1. You should listen careful. ➡

2. Jack closes the door soft. ➡

3. Lisa wakes up very late in the morning. ➡

4. The horses run fastly in the race. ➡

5. She can jump very highly. ➡

6. He sings beautiful at the contest. ➡

7. The bird flies lowly. ➡

8. The bus comes very early. ➡

9. She answers kind to my questions. ➡

10. I can speak English very good. ➡

11. The clock is really slow. ➡

12. Jake smiles happy. ➡

13. Amy sings the song perfect. ➡

14. This is a really hard question. ➡

15. Chris is a very lucky boy. ➡

16. The woman cries quiet. ➡

📖 **E** horse 말 | race 경주 | jump 뛰다, 점프하다 | contest 대회

Unit

19 빈도부사

Let's Think

우리말	**vs.**	영어
나는 항상 행복하다. 나는 종종 아침을 먹는다.		I am **always** happy. I **often** eat breakfast.
우리말에서는 무엇을 얼마나 자주 하는지 나타내는 말들이 있지.		영어에도 똑같은 말들이 있네!

Find the Rule

A 다음 문장들의 굵은 글씨를 주의 깊게 살펴보세요. ▷

- You are **always** late.
- I **always** get up early.
- She **usually** gets up early.
- He **often** gets up early.
- We can **often** see snow in winter.
- Tom is **sometimes** late.
- Do you **sometimes** walk to school?
- I **never** get up early.
- She will **never** tell a lie.

B 위 문장들의 굵은 글씨에 대한 설명으로 올바른 것을 <u>모두</u> 찾아 ☐ 안에 ✔ 하세요.

1. 어떤 일이 얼마나 자주 일어나는지를 나타내는 말이다. ☐
2. be동사가 쓰인 경우, be동사 뒤에 온다. ☐
3. can, will과 같은 조동사가 쓰인 경우, 조동사 앞에 온다. ☐
4. 일반동사가 쓰인 경우, 일반동사 앞에 온다. ☐
5. 일반동사의 의문문에서는 일반동사 앞에 온다. ☐

📖 always 항상 | get up 일어나다 | early 일찍 | usually 보통, 대개 | often 자주, 종종 | can ~할 수 있다
sometimes 가끔 | never 결코 ~ 않다 | will ~할 것이다 | tell a lie 거짓말하다

Apply **the Rule**

A 다음 문장들의 굵은 글씨를 주의 깊게 살펴보고, 앞에서 발견한 규칙이 바르게 적용되었는지 확인해 보세요.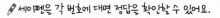

01 We **should always be** honest.

02 Does she **go always** home early? 211

03 I **am usually** hungry at noon.

04 Jake **usually studies** with his friend.

05 He **is often** rude to people.

06 She **helps often** her mother.

07 My shoes **sometimes are** dirty.

08 He **sometimes walks** to school.

09 Kate **is never** late for school.

10 I **never will tell** a lie.

*세이펜을 각 번호에 대면 정답을 확인할 수 있어요.

B 굵은 글씨가 문법상 바르지 <u>않은</u> 문장의 번호를 쓰고 틀린 부분을 바르게 고쳐 보세요.

Make **Your Own**

⭐ 괄호 안의 단어를 활용하여 문장을 완성하세요.

1. 그들은 항상 모든 사람에게 친절하다. (always, are)

They _____ _____ kind to everyone.

2. David는 종종 저녁 식사 후에 TV를 본다. (often. watch)

David _____ _____ TV after dinner.

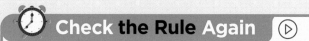

01	We should **always** be honest.	우리는 항상 정직해야 한다.
02	Does she **always** go home early? `211`	그녀는 항상 집에 일찍 가니?
03	I am **usually** hungry at noon.	나는 보통 정오에 배가 고프다.
04	Jake **usually** studies with his friend.	제이크는 보통 그의 친구와 함께 공부한다.
05	He is **often** rude to people.	그는 종종 사람들에게 무례하다.
06	She **often** helps her mother.	그녀는 종종 엄마를 도와드린다.
07	My shoes are **sometimes** dirty.	내 신발은 가끔 더럽다.
08	He **sometimes** walks to school.	그는 가끔 학교에 걸어간다.
09	Kate is **never** late for school.	케이트는 절대로 학교에 지각하지 않는다.
10	I will **never** tell a lie.	나는 절대 거짓말하지 않을 것이다.

Rule

- **빈도부사**: 어떤 행동이나 상황이 얼마나 자주 반복되는지를 나타내 주는 부사

always	usually	often	sometimes	never
항상, 늘	보통, 대개	자주, 종종	가끔, 때때로	결코 ~ 않다

- **빈도부사의 위치**: 다른 부사와는 달리 위치에 주의해야 해요.

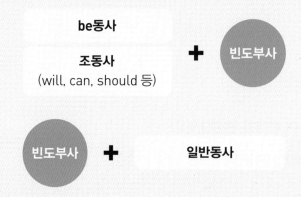

Exercises

A 다음 문장에서 빈도부사에 ○ 하세요.

1. I always eat breakfast.

2. They usually walk to school.

3. My brother never eats carrots.

4. He sometimes does his homework at night.

5. We often go to the library.

B 다음 우리말과 같은 뜻이 되도록 〈보기〉에서 알맞은 것을 골라 문장을 완성하세요.

〈보기〉 always　　usually　　often　　sometimes　　never

1. 그녀는 결코 거짓말을 하지 않는다.
➡ She _____ tells lies.

2. 너는 대개 좋은 성적을 받는다.
➡ You _____ get good grades.

3. Sam은 때때로 엄마를 도와드린다.
➡ Sam _____ helps his mother.

4. 나는 항상 일찍 잠자리에 든다.
➡ I _____ go to bed early.

5. Eva는 종종 TV를 본다.
➡ Eva _____ watches TV.

📖 **A** breakfast 아침 | walk 걷다 | carrot 당근 | night 밤 | library 도서관

C 다음 우리말과 일치하는 문장을 고르세요.

1. 그녀는 결코 그녀의 비밀을 말하지 않는다.

a. She never tells her secrets.

b. She sometimes tells her secrets.

2. 너는 항상 매우 빨리 먹는다.

a. You usually eat very fast.

b. You always eat very fast.

3. 우리 엄마는 가끔 차를 운전하신다.

a. My mom often drives a car.

b. My mom sometimes drives a car.

4. Ben은 보통 학교에 일찍 온다.

a. Ben usually comes to school early.

b. Ben never comes to school early.

D 다음 문장에서 ( ) 안의 단어가 들어갈 위치를 고르세요.

1. (sometimes)   We ① go ② to ③ the ④ museum.

2. (always)   Her ① room ② is ③ clean.

3. (often)   You ① forget ② important ③ things.

4. (sometimes)   The ① TV ② show ③ is ④ funny.

5. (never)   She ① goes ② to ③ the ④ dentist.

6. (always)   I ① will ② do ③ my ④ best.

7. (sometimes)   I ① travel ② with ③ my ④ family.

8. (usually)   He ① is ② busy ③ on ④ Sunday.

📖 **D** museum 박물관 | clean 깨끗한 | forget 잊다 | important 중요한 | thing 것 | funny 재미있는
dentist 치과 의사

E 다음 우리말을 영어로 바르게 옮긴 것은?

나의 부모님은 항상 일찍 일어나신다.

① My parents get up always early.
② My parents get always up early.
③ My parents gets up always early.
④ My parents always get up early.
⑤ My parents always gets up early.

F 다음 문장에서 밑줄 친 부분을 고쳐 문장을 다시 쓰세요.

1. I <u>eat sometimes</u> pizza.

   ➡

2. She <u>uses never</u> a blue pen.

   ➡

3. We <u>never can forget</u> this gift.

   ➡

4. My sister <u>often cook</u> for me.

   ➡

5. Jane <u>go usually</u> to the movies.

   ➡

G 다음 우리말과 같은 뜻이 되도록 ( ) 안의 말을 바르게 배열하세요.

1. 너는 절대 학교에 늦지 않는다. (are / you / late for school / never)

   ➡

2. 그는 항상 모자를 쓴다. (he / a hat / always / wears)

   ➡

Unit 20 전치사

Let's Think

우리말	VS.	영어
수업은 **9시**에 시작된다. 영어 수업은 **목요일**에 있다.		The class starts **at 9:00**. English class is **on Thursday**.
우리말은 시간을 나타내는 말 뒤에 '～에'가 붙지.		영어에서는 각각 다른 단어가 쓰이네!

Find the Rule

A 다음 문장들의 굵은 글씨를 주의 깊게 살펴보세요.

- He is **in** the classroom. `066`
- There is a fly **on** your head. `102`
- They are **at** the supermarket.
- A ball is **under** the bed.
- A car is **in front of** the house.
- The chair is **behind** the door.
- We usually have breakfast **at** 8:00.
- The museum is closed **on** Monday.
- Many people marry **in** spring.

B 위 문장들의 굵은 글씨에 대한 설명으로 올바른 것을 <u>모두</u> 찾아 ☐ 안에 ✔ 하세요.

1. 명사 앞에 쓰여 위치, 장소 또는 시간을 나타낸다. ☐
2. in, on, at은 위치, 장소, 시간을 모두 나타낼 수 있다. ☐
3. 8:00과 같은 구체적인 시각 앞에는 at이 쓰인다. ☐
4. Monday와 같은 요일 앞에는 at이 쓰인다. ☐
5. spring과 같은 계절 앞에는 in이 쓰인다. ☐

📖 fly 파리 | head 머리 | supermarket 슈퍼마켓 | usually 보통, 대개 | have breakfast 아침을 먹다
museum 박물관 | closed 문을 닫은 | people 사람들 | marry 결혼하다 | spring 봄

Apply the Rule

A 다음 문장들의 굵은 글씨를 주의 깊게 살펴보고, 앞에서 발견한 규칙이 바르게 적용되었는지 확인해 보세요. ▷

01 Tom lives **in** Korea.

02 She is **in** her room. 063

03 Your book is **on** the desk.

04 Let's meet **at** the bus stop.

05 A cat is **under** the chair.

06 The bus stop is **in front** the bookstore.

07 The library is **behind** the school.

08 He goes to bed **on** 10.

09 I have a piano lesson **at** Tuesday.

10 My birthday is **on** May.

✎ 세이펜을 각 번호에 대면 정답을 확인할 수 있어요.

B 굵은 글씨가 문법상 바르지 <u>않은</u> 문장의 번호를 쓰고 틀린 부분을 바르게 고쳐 보세요.

	⇒		⇒	
	⇒		⇒	
	⇒		⇒	
	⇒		⇒	

Make Your Own

★ 괄호 안의 단어를 활용하여 문장을 완성하세요.

1. Jenny는 지금 화장실 안에 있다. (bathroom)

   Jenny is _____ the _____ now.

2. 나는 여름에 많은 아이스크림을 먹는다. (summer)

   I eat lots of ice cream _____ _____ .

01	Tom lives **in** Korea.	톰은 한국에 산다.
02	She is **in** her room. `063`	그녀는 자기 방 안에 있다.
03	Your book is **on** the desk.	너의 책은 책상 위에 있다.
04	Let's meet **at** the bus stop.	버스 정류장에서 만나자.
05	A cat is **under** the chair.	고양이가 의자 아래에 있다.
06	The bus stop is **in front of** the bookstore.	버스 정류장은 서점 앞에 있다.
07	The library is **behind** the school.	도서관은 학교 뒤에 있다.

Rule 1 · 위치나 장소를 나타내는 전치사

in	on	at	under	in front of	behind
~ 안에	~ 위에	~에(서)	~ 아래에	~ 앞에	~ 뒤에

*in/at+장소: in+도시, 나라 등의 넓은 장소나 지역
　　　　　　at+좁은 장소나 지점

08	He goes to bed **at** 10.	그는 10시에 자러 간다.
09	I have a piano lesson **on** Tuesday.	나는 화요일에 피아노 수업이 있다.
10	My birthday is **in** May.	내 생일은 5월에 있다.

Rule 2 · 시간을 나타내는 전치사: 전치사 in, on, at은 시간을 나타내기도 해요.
모두 '~에'라고 해석되지만, 그 쓰임은 각각 달라요.

in		오전, 오후, 월, 계절, 연도	**in** the morning 아침에　**in** the afternoon 오후에 **in** May 5월에　　　　　**in** winter 겨울에 **in** 2017 2017년에
on	~에	날짜, 요일, 특정한 날	**on** July 9th 7월 9일에　**on** Tuesday 화요일에 **on** my birthday 내 생일에 **on** Christmas 크리스마스에
at		시각, 특정한 때	**at** 10 10시에　　　　**at** 2:30 p.m. 오후 2시 30분에 **at** noon 정오에　　　**at** night 밤에

Exercises ●———●———●———●———●———●

A 다음 우리말과 같은 뜻이 되도록 ( ) 안에서 알맞은 것을 고르세요.

1. 소파 아래에   (on / under) the sofa

2. 9월에   (in / on) September

3. 부엌에   (on / in) the kitchen

4. 정오에   (at / in) noon

5. 바닥 위에   (on / under) the ground

6. 8월 5일에   (on / in) August 5th

7. 문 뒤에   (behind / at) the door

8. 중국에   (at / in) China

9. 학교 앞에   (in front of / at) the school

B 다음 우리말과 같은 뜻이 되도록 빈칸에 알맞은 말을 쓰세요.

1. Kevin의 집은 저 건물 뒤에 있다.
➡ Kevin's house is _____ that building.

2. 그 영화는 일곱 시 정각에 시작한다.
➡ The movie starts _____ 7 o'clock.

3. 그녀는 아침에 커피를 마신다.
➡ She drinks coffee _____ the morning.

4. 나는 내 방 안에서 컴퓨터 게임을 한다.
➡ I play computer games _____ my room.

5. 그 도서관은 월요일에 문을 닫는다.
➡ The library is closed _____ Monday.

C 다음 그림을 보고, 빈칸에 들어갈 알맞은 전치사를 〈보기〉에서 골라 쓰세요.

〈보기〉	behind	on	at	in front of	in	under

1.

There is a box _____ the bed.

2.

Glue is _____ the drawer.

3.

There is a blackboard _____ the teacher.

4.

Your book is _____ the desk.

D 다음 밑줄 친 부분을 바르게 고치세요.

1. I clean my room <u>at</u> Saturday.   ➡

2. The bank is <u>in front</u> the park.   ➡

3. The museum is <u>at</u> New York.   ➡

4. My birthday is <u>in</u> September 24th.   ➡

5. The class ends <u>on</u> 3 o'clock.   ➡

📖 **C** glue 풀 | drawer 서랍 | blackboard 칠판 **D** clean 청소하다 | bank 은행 | end 끝나다

E 다음 빈칸에 공통으로 들어갈 말로 알맞은 것은?

1.
- Mina lives _____ Korea.
- We have vacation _____ winter.

① at   ② on   ③ in

2.
- The store closes at nine _____ Sunday.
- Christmas Eve is _____ December 24th.

① at   ② on   ③ in

3.
- Let's meet _____ the bus stop.
- I am often hungry _____ night.

① at   ② on   ③ in

F 빈칸에 들어갈 말이 <u>다른</u> 하나는?

① It is so cold _____ January.
② Many photos are _____ the box.
③ My family goes to the beach _____ summer.
④ At school, we play baseball _____ the afternoon.
⑤ The vacation ends _____ Friday.

📖 **E** vacation 방학 | store 상점, 가게 | close 닫다 | meet 만나다 | bus stop 버스 정류장 **F** photo 사진
beach 해변, 바닷가

EGU

THE EASIEST GRAMMAR & USAGE

EGU 시리즈 소개

EGU
서술형 기초 세우기

영단어&품사

서술형·문법의 기초가 되는
영단어와 품사 결합 학습

문장 형식

기본 동사 32개를 활용한
문장 형식별 학습

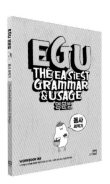

동사 써먹기

기본 동사 24개를 활용한
확장식 문장 쓰기 연습

EGU
서술형·문법 다지기

문법 써먹기

개정 교육 과정
중1 서술형·문법 완성

구문 써먹기

개정 교육 과정
중2, 중3 서술형·문법 완성

쎄듀

❶ 구문   판매 1위 '천일문' 콘텐츠를 활용하여 정확하고 다양한 구문 학습

끊어읽기   해석하기   문장 구조 분석   해설·해석 제공   단어 스크램블링   영작하기

❷ 문법·서술형   쎄듀의 모든 문법 문항을 활용하여 내신까지 해결하는 정교한 문법 유형 제공

객관식과 주관식의 결합   문법 포인트별 학습   보기를 활용한 집합 문항   내신대비 서술형   어법+서술형 문제

❸ 어휘   초·중·고·공무원까지 방대한 어휘량을 제공하며 오프라인 TEST 인쇄도 가능

영단어 카드 학습   단어 ↔ 뜻 유형   예문 활용 유형   단어 매칭 게임

❹ 선생님 보유 문항 이용

Online Test   OMR Test

cafe.naver.com/cedulearnteacher

쎄듀런 학습 정보가 궁금하다면?

쎄듀런 Cafe

· 쎄듀런 사용법 안내 & 학습법 공유
· 공지 및 문의사항 QA
· 할인 쿠폰 증정 등 이벤트 진행

초등코치

천일문
grammar
WORKBOOK · with 세이펜

1

초 등 코 치

천일문
grammar

✦ ✦ ✦

WORKBOOK

1

Unit 01 셀 수 있는 명사

A 다음 명사의 복수형으로 알맞은 것을 고르세요.

1. balloon   (balloones / balloons / balloon)

2. man   (mans / mens / men)

3. beach   (beachs / beaches / beach)

4. fish   (fish / fishs / fishes)

5. answer   (answers / answer / answeres)

6. ox   (ox / oxs / oxen)

7. lady   (ladys / ladyes / ladies)

8. leaf   (leafs / leavs / leaves)

9. tomato   (tomatos / tomatoes / tomato)

10. piano   (pianoes / pianos / piano)

B 다음 중 단수형과 복수형의 연결이 바르지 <u>않은</u> 것은?

1. ① girl - girls   ② foot - feet   ③ photo - photos
    ④ box - boxs   ⑤ party - parties

2. ① knife - knives   ② glass - glasses   ③ story - storys
    ④ boy - boys   ⑤ carrot - carrots

C 다음 ( ) 안에서 주어진 단어를 복수형으로 바꿔 쓰세요.

1. The _____ are hungry. (boy)

2. She has five _____. (photo)

3. My mom needs many _____. (dish)

4. There are _____ under the chair. (brush)

5. There are many _____ on the table. (bottle)

D 다음 빈칸에 들어갈 말이 순서대로 짝지어진 것은?

> • The _____ eat cookies.
> • My dog plays with _____.
> • Birds sit on _____.

① childs – balls – roof
② childs – ball – roofs
③ children – balls – roofs
④ children – ball – rooves
⑤ children – balls – rooves

E 다음 중 -es를 붙여 복수형을 만들 수 <u>없는</u> 단어는?

① potato   ② bus   ③ church
④ watch   ⑤ horse

F 다음 밑줄 친 부분을 바르게 고치세요.

1. I need four <u>spoones</u>.   ➡ _____

2. I have two red <u>dressies</u>.   ➡ _____

3. I see many <u>deers</u> in the zoo.   ➡ _____

4. The <u>gooses</u> swim in the pond.   ➡ _____

5. I like <u>storyes</u> about magic.   ➡ _____

6. Many <u>candys</u> are in the bag.   ➡ _____

7. Many <u>butterflyes</u> are around the flowers.   ➡ _____

8. There are three <u>benchs</u> at the park.   ➡ _____

9. There are five <u>knifes</u> in the drawer.   ➡ _____

10. I go to two birthday <u>partyes</u> this Sunday.   ➡ _____

Unit 02 셀 수 없는 명사

A 다음 중 셀 수 없는 명사를 고르세요.

1. person / airplane / money

2. magic / cookie / hand

3. bank / fun / game

4. violin / nature / pie

5. friend / test / tennis

6. day / love / bed

7. apple / dream / rain

8. air / camera / river

9. pocket / bear / butter

10. store / peace / spider

B 다음 문장에서 셀 수 있는 명사에 ○, 셀 수 없는 명사에 △ 하세요.

1. Mice like cheese.

2. My sister eats eggs and bread.

3. My friends listen to music.

4. Sugar and honey are on the table.

5. My brother plays soccer and badminton.

6. The man needs salt.

7. The girl wants bread.

8. Juice is in the bottle.

9. The children do homework.

10. The boy studies math.

C 다음 문장 중 바르지 <u>않은</u> 것은?

① I speak Korean.

② I drink waters every day.

③ My birthday is in June.

④ They live in London.

⑤ Everyone wants peace.

D 다음 밑줄 친 부분을 바르게 고치세요.

1. I want some <u>Milk</u>. ➡ _____

2. I need some <u>moneys</u>. ➡ _____

3. His name is <u>david</u>. ➡ _____

4. I have some <u>oils</u>. ➡ _____

5. They go to <u>china</u>. ➡ _____

6. My mom drinks <u>coffees</u>. ➡ _____

7. I need your <u>Help</u>. ➡ _____

E 다음 글에서 밑줄 친 부분을 바르게 고치세요.

My favorite subject is <u>english</u>. I like my teacher. I play <u>soccers</u> after doing <u>homeworks</u>. I have two friends. Their names are <u>dan</u> and <u>mary</u>. I like my friends, too.

1. english ➡ _____

2. soccers ➡ _____

3. homeworks ➡ _____

4. dan ➡ _____

5. mary ➡ _____

Unit 03 a/an, the (관사)

A 다음 빈칸에 들어갈 말로 알맞은 것은?

1. Ben has _____ old bike.

① a   ② an   ③ the   ④ 관사 없음

2. Mary always has fun at _____ beach.

① a   ② an   ③ the   ④ 관사 없음

3. Nick has three dogs and _____ cat.

① a   ② an   ③ the   ④ 관사 없음

4. I like _____ soccer.

① a   ② an   ③ the   ④ 관사 없음

5. Look at _____ sky!

① a   ② an   ③ the   ④ 관사 없음

B 다음 ( ) 안에서 알맞은 것을 고르세요.

1. I need (a / X) blue pen.

2. Mom makes (the / X) breakfast for me.

3. She plays (a / the) violin.

4 My desk is in (the / X) middle of my room.

5. This is (a / an) expensive bike.

6. Turn to (the / X) right at the corner.

7. (The / An) earth moves around (the / X) sun.

8. There are two bags. I like (a / the) blue one.

9. Peter has (a / an) aunt in (the / X) London.

10. I have three shirts — a yellow one, an orange one, and (a / the) black one.

C 다음 문장 중 바른 것은?

① She has a pencils.

② The boys play the basketball.

③ Sarah is an excellent teacher!

④ The Seoul is the capital of South Korea.

⑤ She wants puppy for her birthday.

D 다음 문장 중 바르지 <u>않은</u> 것은?

① She is an eight-year-old girl.

② There is an airport close to the city.

③ I go to school by bus.

④ There is a school around the corner.

⑤ He is good at the tennis.

E 다음 문장에서 <u>잘못된</u> 부분을 찾아 바르게 고쳐 쓰세요.

1. A sun is really bright. ➡ _____

2. I have a rabbit. A rabbit is cute. ➡ _____

3. Look at man over there! ➡ _____

4. She plays the piano and a violin. ➡ _____

5. We have a dinner at 7 o'clock ➡ _____

6. My cousin lives in the Seoul. ➡ _____

7. They take a airplane to China. ➡ _____

8 I have four blue balls and red ball. ➡ _____

9. My mom is English teacher. ➡ _____

10. I met him a hour ago. ➡ _____

Unit 04 인칭대명사 – 주격

Ⓐ 다음 단어를 주격 인칭대명사로 바꿔 쓰세요.

1. my brother ➡ _____

2. the pigs ➡ _____

3. you and I ➡ _____

4. a pencil ➡ _____

5. my mom ➡ _____

6. Jack and Lisa ➡ _____

7. Jason and you ➡ _____

8. Kevin and his mom ➡ _____

9. rabbits and lions ➡ _____

10. you and Annie ➡ _____

Ⓑ 두 문장이 같은 뜻이 되도록 ( ) 안에서 알맞은 단어를 고르세요.

1. Jenny studies English.

➡ (They / She / We) studies English.

2. The children like pancakes.

➡ (I / You / They) like pancakes.

3. My dad is a scientist.

➡ (He / We / It) is a scientist.

4. Eric and I play tennis on weekends.

➡ (He / You / We) play tennis on weekends.

5. The comic books are on the table.

➡ (They / It / We) are on the table.

C 다음 중 they가 가리킬 수 <u>없는</u> 것은?

① children   ② John and Mike   ③ teachers
④ my brother   ⑤ horses

D 다음 우리말과 같은 뜻이 되도록 빈칸에 알맞은 주격 인칭대명사를 쓰세요.

1. 나는 하루에 일곱 시간을 잔다.
➡ _____ sleep seven hours a day.

2. 너는 키가 크다.
➡ _____ are tall.

3. 그는 유명한 가수이다.
➡ _____ is a famous singer.

4. 그것은 나의 가방이다.
➡ _____ is my bag.

5. 그녀는 애니메이션 영화를 좋아한다.
➡ _____ likes animated movies.

E 앞 문장의 밑줄 친 부분을 가리키는 주격 인칭대명사를 고르세요.

1. <u>My bed</u> is big. (It / They) is comfortable.

2. <u>Tom and Sue</u> are my friends. (We / They) live next door.

3. This is <u>my dog</u>. (It / I) is four years old.

4. I like <u>these stories</u>. (He / They) are funny.

5. Mary is <u>my sister</u>. (She / You) is talkative.

F 두 문장의 의미가 자연스럽게 이어지도록 연결하세요.

1. I like <u>my chair</u>.   a. <u>He</u> likes animated movies, too.

2. <u>John and I</u> are friends.   b. <u>They</u> wait for the teacher.

3. <u>Dan</u> likes scary movies.   c. <u>It</u> is very comfortable.

4. <u>Students</u> are in the classroom.   d. <u>We</u> play soccer together.

Unit 05 인칭대명사 – 목적격/소유격/소유대명사

A 두 문장이 같은 뜻이 되도록 ( ) 안에서 알맞은 단어를 고르세요.

1. My umbrella is yellow.

➡ (My / Mine / Me) is yellow.

2. These are our rooms.

➡ These are (our / us / ours).

3. I like my teacher very much.

➡ I like (him / his / he) very much.

4. They know me and my brother.

➡ They know (our / us / ours).

5. Can I borrow your eraser?

➡ Can I borrow (your / yours / you)?

B 다음 우리말과 같은 뜻이 되도록 빈칸에 알맞은 말을 쓰세요.

1. 나는 그녀를 안다.

➡ I know _____.

2. 그 검정색 바지는 그의 것이다.

➡ The black pants are _____.

3. 오늘은 그녀의 생일이다.

➡ Today is _____ birthday.

4. 너는 그의 도움이 필요하다.

➡ You need _____ help.

5. 나는 그들을 주말에 만난다.

➡ I meet _____ on weekends.

C 다음 문장에서 밑줄 친 부분을 인칭대명사로 바꿔 문장을 다시 쓰세요.

1. My mom helps <u>my sister</u>.

➡ _____

2. <u>Your bag</u> is blue.

➡ _____

3. These shoes are <u>my aunt's</u>.

➡ _____

4. These are <u>my dad's</u> cookies.

➡ _____

D 다음 문장 중 바르지 <u>않은</u> 것은?

① Mike likes his dog.
② She washes her hands.
③ I like him very much.
④ John wants its.
⑤ Those books are theirs.

E 다음 글의 빈칸에 알맞은 인칭대명사를 쓰세요.

Hi Daniel,

My name is John. This is **1.** _____ friend Jason. He is 12.
He has a sister. **2.** _____ sister is nine. They have a pet.
3. _____ pet is a parrot. Jason and I go to the same
school. Jason's homeroom teacher is Mrs. Peterson. She
has a pet, too. **4.** _____ pet is a cat. Our homeroom
teacher is Mr. Smith. I like **5.** _____ lessons. He has two
dogs. Now I have a question for you. What's **6.** _____
pet?

Unit 06 지시대명사와 지시형용사

A 다음 ( ) 안에서 알맞은 것을 고르세요.

1. (That / Those) is my uncle.

2. (That / Those) bottle is empty.

3. (This / These) are wild animals.

4. (This / These) burgers are delicious.

B 다음 ( ) 안에서 알맞지 <u>않은</u> 것을 고르세요.

1. (This / That / Those) is my T-shirt.

2. (This / Those / These) are his books.

3. (This / That / These) is the music room.

4. (That / These / Those) are easy questions.

C 밑줄 친 부분에 들어갈 알맞은 단어를 〈보기〉에서 고르세요. (중복 사용 가능)

〈보기〉 this these

1. _____ is her bedroom.

2. _____ are my parents.

3. _____ is a big supermarket.

4. _____ are chopsticks.

D 다음 문장 중 바른 것은?

① This is my socks.

② This are his cup.

③ These are my gloves.

④ These are an expensive car.

⑤ That is my aunts.

E 다음 우리말과 같은 뜻이 되도록 빈칸에 알맞은 말을 쓰세요.

1. 이것은 멋진 그림이다.

➡ _____ _____ a nice picture.

2. 저 가방이 너의 것이다.

➡ _____ _____ is yours.

3. 저것은 그녀의 카메라이다.

➡ _____ _____ her camera.

4. 이 칼들은 날카롭다.

➡ _____ _____ are sharp.

5. 이 사람들은 나의 이웃이다.

➡ _____ _____ my neighbors.

6. 저것들은 나의 새 신발이다.

➡ _____ _____ my new shoes.

7. 저 사람들은 내 친구들이다.

➡ _____ _____ are my friends.

F 주어진 말을 이용하여 우리말에 맞게 영작하세요.

1. 저것은 축구공이다. (a soccer ball)

➡ _____

2. 저것들은 내 가방들이다. (my bags)

➡ _____

3. 저것은 그의 시계이다. (his watch)

➡ _____

4. 이것은 재미있는 게임이다. (a fun game)

➡ _____

5. 이것들은 그녀의 생일선물들이다. (her birthday gifts)

➡ _____

be동사의 긍정문

A 빈칸에 알맞은 be동사를 쓰세요.

1. It _____ a big dog.

2. They _____ my friends.

3. My teacher _____ upset.

4. We _____ almost ready.

5. This soup _____ very tasty.

6. Leila and Nancy _____ students.

7. The story _____ very short.

B 다음 ( ) 안에서 알맞은 것을 고르세요.

1. The car (is / are) red.

2. She (is / are) very smart.

3. My dad (am / is) a police officer.

4. I (are / am) angry.

5. This animal (are / is) very dangerous.

6. My sister and I (am / are) busy now.

C 다음 글의 빈칸에 알맞은 be동사를 쓰세요.

I **1.** _____ at school. Paul and Peter **2.** _____ my
friends. We **3.** _____ in the same class. Peter
4. _____ from Incheon, but Paul and I
5. _____ from Seoul.

D 다음 빈칸에 들어갈 말이 순서대로 짝지어진 것은?

> • My brother _____ sleepy.
>
> • Dan and Jason _____ hungry.
>
> • We _____ late for school.

① am – is – are   ② is – are – are   ③ is – is – are

④ are – is – are   ⑤ are – am – is

E 다음 밑줄 친 be동사가 바르게 쓰인 것은?

① Birds <u>is</u> on the tree.

② Pizza <u>am</u> my favorite food.

③ He <u>is</u> a basketball player.

④ The walls at my house <u>is</u> brown.

⑤ The music <u>are</u> too loud!

F 주어진 말을 이용하여 우리말에 맞게 영작하세요.

1. 나는 아프다. (I, sick)

➡ _____

2. 그것은 거울이다. (It, a mirror)

➡ _____

3. 그것들은 나의 사진들이다. (They, my pictures)

➡ _____

4. 그녀는 정말 인기가 있다. (She, really popular)

➡ _____

5. 그들은 용감하다. (They, brave)

➡ _____

Unit 08 be동사 다음에 오는 말

Ⓐ 다음 문장에서 be동사에 ○ 하고, 알맞은 의미에 ✔ 하세요.

1. The bread is in the kitchen.　☐ ~이다　☐ ~하다　☐ ~에 있다
2. We are cousins.　☐ ~이다　☐ ~하다　☐ ~에 있다
3. The coat is old and dirty.　☐ ~이다　☐ ~하다　☐ ~에 있다
4. They are baseball players.　☐ ~이다　☐ ~하다　☐ ~에 있다
5. The man is rich.　☐ ~이다　☐ ~하다　☐ ~에 있다
6. Mice are in the basement.　☐ ~이다　☐ ~하다　☐ ~에 있다
7. She is a good swimmer.　☐ ~이다　☐ ~하다　☐ ~에 있다
8. My new classroom is clean.　☐ ~이다　☐ ~하다　☐ ~에 있다
9. This TV show is interesting.　☐ ~이다　☐ ~하다　☐ ~에 있다
10. The clock is on the wall.　☐ ~이다　☐ ~하다　☐ ~에 있다

Ⓑ 다음 우리말과 같은 뜻이 되도록 〈보기〉에서 알맞은 것을 골라 문장을 완성하세요.

| 〈보기〉 | red | next to the bank | heavy |
| | very hot | a police officer | |

1. 내 사촌은 경찰관이다.

➡ My cousin is ＿＿＿＿＿＿＿＿＿＿＿＿＿.

2. 병원은 은행 옆에 있다.

➡ The hospital is ＿＿＿＿＿＿＿＿＿＿＿＿＿.

3. 내가 가장 좋아하는 색깔은 빨간색이다.

➡ My favorite color is ＿＿＿＿＿＿＿＿＿＿＿＿＿.

4. 이 상자들은 무겁다.

➡ These boxes are ＿＿＿＿＿＿＿＿＿＿＿＿＿.

5. 이 물은 아주 뜨겁다.

➡ This water is ＿＿＿＿＿＿＿＿＿＿＿＿＿.

C 다음 빈칸에 들어갈 말로 알맞지 <u>않은</u> 것은?

1. They are _____.
   ① friendly   ② at home
   ③ doctors   ④ we

2. The house is _____.
   ① very big   ② on the hill
   ③ have   ④ hers

3. The books are _____.
   ① cheap   ② buy
   ③ in my bag   ④ interesting

D 다음 우리말과 같은 뜻이 되도록 ( ) 안의 말을 바르게 배열하세요.

1. 동전들은 그녀의 손 안에 있다. (in her hand / are / coins)

   ➡ _____

2. 그들은 중학생들이다. (are / they / middle school students)

   ➡ _____

3. 그는 병원에 있다. (is / he / in the hospital)

   ➡ _____

4. 컴퓨터 게임은 재미있다. (computer games / fun / are)

   ➡ _____

E 다음 문장의 우리말 뜻을 쓰세요.

1. He is sick.

   ➡ _____

2. She is in the garden.

   ➡ _____

3. He is my cousin.

   ➡ _____

4. Apples are on the table.

   ➡ _____

Unit 09 be동사의 부정문

A 다음 우리말과 같은 뜻이 되도록 빈칸에 알맞은 말을 쓰세요.

1. 이 케이크는 맛있지 않다.

➡ This cake _____ _____ delicious.

2. 나는 피곤하지 않다.

➡ I _____ _____ tired.

3. Jake와 나는 방에 있지 않다.

➡ Jake and I _____ _____ in the room.

4. 그들은 학생이 아니다.

➡ They _____ _____ students.

5. 저것은 내 책이 아니다.

➡ That _____ _____ my book.

6. Kim 선생님은 교실에 계시지 않다.

➡ Mr. Kim _____ _____ in the classroom.

7. 엄마는 부엌에 계시지 않다.

➡ Mom _____ _____ in the kitchen.

8. 그녀는 지금 바쁘지 않다.

➡ She _____ _____ busy now.

9. 그 아이들은 목마르지 않다.

➡ The children _____ _____ thirsty.

10. 그것은 네 잘못이 아니다.

➡ It _____ _____ your fault.

B 다음 문장을 부정문으로 바꿔 쓰세요.

1. This is a mirror.

➡ _____

2. Mina and Sarah are friends.

➡ _____

3. The dogs are hungry.

➡ _____

4. We are ready.

➡ _____

5. They are in the classroom.

➡ _____

C 다음 우리말과 같은 뜻이 되도록 ( ) 안의 말을 바르게 배열하세요. be동사는 알맞은 형태로 바꾸어 쓰세요.

1. 그것들은 내 신발이 아니다. (be / not / my shoes / they)

➡ _____

2. 그 시험은 어렵지 않다. (the test / difficult / not / be)

➡ _____

3. 내 가방이 내 방에 있지 않다. (in my room / be / my bag / not)

➡ _____

4. 저것은 내 자리가 아니다. (not / that / my seat / be)

➡ _____

5. 그 학생들은 게으르지 않다. (be / lazy / the students / not)

➡ _____

Unit 10 be동사의 의문문

Ⓐ 다음 문장을 의문문으로 바꿔 쓰세요.

1. He is smart.

➡ _____

2. It is an answer.

➡ _____

3. You are sleepy.

➡ _____

4. I am wrong.

➡ _____

5. They are in the playground.

➡ _____

Ⓑ 다음 우리말과 같은 뜻이 되도록 ( ) 안의 말을 바르게 배열하세요. be동사는 알맞은 형태로 바꾸어 쓰세요.

1. Eva는 5반에 있니? (Eva / be / in class 5)

➡ _____

2. 그 책은 재미있니? (the book / interesting / be)

➡ _____

3. 너의 집은 7층에 있니? (be / on the 7th floor / your house)

➡ _____

4. Alice는 아프니? (sick / Alice / be)

➡ _____

5. 네 방은 깨끗하니? (your room / be / clean)

➡ _____

C 다음 문장에서 밑줄 친 부분을 고쳐 문장을 다시 쓰세요.

1. <u>Are</u> he a doctor?

➡ _____

2. <u>Is</u> you hungry?

➡ _____

3. Is <u>sick she</u>?

➡ _____

4. <u>Is</u> those pens on the desk?

➡ _____

5. <u>Are</u> the game fun?

➡ _____

D 다음 문장 중 바른 것은?

1. ① Are he a scientist?

② Is good the idea?

③ In the bathroom he is?

④ Is this photo yours?

⑤ Are tall your brothers?

2. ① Jenny a new student is?

② Am you hurt?

③ Are it in your pocket?

④ Is the books expensive?

⑤ Are they your family?

E 다음 질문에 알맞은 대답을 고르세요.

1. Are you happy?

a. Yes, you are.   b. Yes, I am.

2. Is she in the kitchen?

a. No, she isn't.   b. No, isn't she.

Unit 11 비인칭 주어 it

A 다음 우리말과 같은 뜻이 되도록 ( ) 안의 말을 바르게 배열하세요.

1. 6시이다. (six o'clock / it / is)

➡ _____

2. 금요일이다. (it / is / Friday)

➡ _____

3. 11월 26일이다. (is / November 26th / it)

➡ _____

4. 여기는 너무 어둡다. (here / too dark / is / it)

➡ _____

5. 오늘은 비가 온다. (today / rainy / is / it)

➡ _____

B 다음 문장에서 잘못된 부분을 찾아 문장을 바르게 고쳐 쓰세요.

1. It Monday is.

➡ _____

2. This is noon.

➡ _____

3. Christmas is it.

➡ _____

4. It sunny is today.

➡ _____

5. That is cold outside.

➡ _____

C 주어진 말을 이용하여 우리말에 맞게 영작하세요.

1. 토요일이다. (Saturday)

➡ _____

2. 맑고 화창하다. (clear and sunny)

➡ _____

3. 여기서 멀다. (far from here)

➡ _____

4. 1시이다. (one o'clock)

➡ _____

5. 바람이 많이 분다. (windy)

➡ _____

6. 8월 20일이다. (August 20th)

➡ _____

D 다음 중 밑줄 친 부분의 쓰임이 <u>다른</u> 것은?

1. ① <u>It</u> is very warm today.

② <u>It</u> is her birthday.

③ <u>It</u> is July 13th.

④ <u>It</u> is very small.

⑤ <u>It</u> is eleven o'clock.

2. ① <u>It</u> is so cute!

② <u>It</u> is a beautiful day.

③ <u>It</u> is a big hat.

④ <u>It</u> is very spicy.

⑤ <u>It</u> is an easy question.

Unit 12 There is/There are

A 다음 (　) 안에서 알맞은 것을 고르세요.

1. (Is / Are) there many stars in the sky?

2. There (not is / is not) a rabbit in the cage.

3. (Is there / There is) a boy over there.

4. There (is / are) some bread.

5. (Is / Are) there a dog in the room?

B 다음 우리말과 같은 뜻이 되도록 (　) 안의 말을 바르게 배열하세요.

1. 해변에 많은 모래가 있다. (there / a lot of sand on the beach / is)

　➡ _____

2. 상자에 쿠키들이 있니? (there / cookies in the box / are)

　➡ _____

3. 침대 위에 휴대폰이 있다. (there / a cell phone on the bed / is)

　➡ _____

4. 도로에 차들이 없다. (are / there / cars on the road / not)

　➡ _____

5. 식당에 많은 사람이 있니? (many people in the restaurant / there / are)

　➡ _____

6. 여기에 책들이 없다. (not / there / books here / are)

　➡ _____

7. 문제가 있니? (a problem / is / there)

　➡ _____

C 올바른 문장이 되도록 연결하세요.

1. There is not   a. many students in the classroom.

2. Is there   b. a bike outside.

3. There are not   c. some water?

4. Are there   d. candies in the box?

D 다음 문장에서 be동사가 들어갈 위치를 고르고, 알맞은 be동사를 빈칸에 쓰세요.

1. ① There ② not ③ much time   ➡ _____

2. ① There ② some people ③ in the car.   ➡ _____

3. ① There ② a post office ③ near here?   ➡ _____

E 다음 문장 중 바른 것은?

1. ① There are many people in the theater.

   ② There a problem is?

   ③ There is not my friends in the playground.

   ④ Are there a store on the corner?

   ⑤ Is there some chairs?

2. ① There is desks in the room.

   ② There are not grass on the ground.

   ③ Is there a student on the street?

   ④ There not is money in my wallet.

   ⑤ Are there a child?

3. ① There is monkeys.

   ② Are there some juice?

   ③ There are a baby.

   ④ Is there a man?

   ⑤ There not is an eraser.

Unit 13 일반동사의 긍정문

A 다음 동사의 3인칭 단수형으로 알맞은 것을 고르세요.

1. say   ① says   ② saies

2. cry   ① crys   ② cries

3. speak   ① speakes   ② speaks

4. play   ① playes   ② plays

5. study   ① studyes   ② studies

6. lose   ① loses   ② losies

7. keep   ① keepes   ② keeps

B 다음 ( ) 안에서 알맞은 단어를 고르세요.

1. Susan and Tom (likes / like / likies) milk.

2. She (get / gets / getes) up at seven o'clock.

3. My sister and I (loves / lovies / love) baseball.

4. My parents (sells / sell / selles) many things at the store.

5. Mike (leave / leaveses / leaves) for school at 8 o'clock.

C 주어진 말을 이용하여 우리말에 맞게 영작하세요.

1. 나의 오빠는 매일 TV를 본다. (watch TV every day)

　➡ _____

2. 나의 아버지는 집에 일찍 오신다. (come home early)

　➡ _____

3. 그녀는 큰 눈을 가지고 있다. (have big eyes)

　➡ _____

4. 그는 도시에서 산다. (live in the city)

　➡ _____

D 다음 빈칸에 들어갈 말로 알맞은 것은?

1. _____ bread for breakfast every morning.

① My dad eats   ② My dad eat   ③ My parents eats

④ My brother eat   ⑤ My mom eat

2. _____ too much homework.

① I has   ② She have   ③ I have

④ He have   ⑤ They has

3. _____ action movies.

① He love   ② His brother love   ③ I likes

④ They loves   ⑤ My sister and I love

E 다음 빈칸에 들어갈 말로 알맞지 <u>않은</u> 것은?

1. _____ wants some cookies.

① The child   ② She   ③ He

④ Jane   ⑤ The students

2. _____ have some money.

① They   ② My cousin   ③ Jake and I

④ We   ⑤ The men

3. _____ speak Japanese.

① My parents   ② I   ③ She

④ The teachers   ⑤ Tom and his sister

4. _____ teaches science at school.

① Jane's mother   ② He   ③ You

④ The woman   ⑤ My brother

Unit 14 일반동사의 부정문

A 다음 ( ) 안에서 알맞은 것을 고르세요.

1. I (don't / doesn't) speak Chinese.

2. She (don't / doesn't) want the apple.

3. We (don't / doesn't) live in Seoul.

4. Ben and Jerry (don't / doesn't) understand the question.

5. My brother (don't / doesn't) need any help.

6. They (don't / doesn't) wear school uniforms.

7. He (don't / doesn't) wake up early.

B 다음 문장을 부정문으로 바꿔 쓰세요.

1. We have homework.

➡ _____

2. Tom has a cell phone.

➡ _____

3. Will makes his lunch.

➡ _____

4. I eat rice for breakfast.

➡ _____

5. She likes animals.

➡ _____

6. Jake and Ann watch the TV show.

➡ _____

7. They walk to school.

➡ _____

C 다음 빈칸에 don't 또는 doesn't를 넣을 때 들어갈 말이 <u>다른</u> 하나는?

1. ① I _____ have any money now.

② May and Sam _____ talk to each other.

③ She _____ run in the morning.

④ His father and he _____ work at the store.

⑤ Her friends _____ play games.

2. ① The girl _____ wear glasses.

② He _____ remember his homework.

③ My grandfather _____ go out on a rainy day.

④ You _____ know the story.

⑤ The store _____ sell chocolate.

D 다음 빈칸에 들어갈 말로 알맞지 <u>않은</u> 것은?

1. My sister and I _____ fast food.

① like   ② don't like   ③ don't eat

④ doesn't like   ⑤ eat

2. The students _____ during class.

① talk   ② listen to their teacher

③ talks   ④ don't listen to their teacher

⑤ don't talk

3. My friend _____ for dinner.

① wants it   ② likes it   ③ doesn't want it

④ doesn't like it   ⑤ don't want it

4. The girl _____ books.

① reads   ② doesn't read   ③ don't buy

④ doesn't buy   ⑤ buys

Unit **15** 일반동사의 의문문

A 다음 빈칸에 Do 또는 Does를 넣을 때 들어갈 말이 <u>다른</u> 하나는?

① _____ he often play computer games?

② _____ she like music?

③ _____ your mother work?

④ _____ you often drink soda?

⑤ _____ your brother speak loudly?

B 우리말과 같은 뜻이 되도록 〈보기〉의 단어를 이용하여 문장을 완성하세요.

| 〈보기〉 | wake | eat | like | watch | have | need |

1. 어린이들은 장난감을 좋아하니?

➡ _____ children _____ toys?

2. 그는 공을 가지고 있니?

➡ _____ he _____ a ball?

3. 너는 매운 음식을 먹니?

➡ _____ you _____ spicy food?

4. 네 친구들은 일찍 일어나니?

➡ _____ your friends _____ up early?

5. Sarah는 무서운 영화를 보니?

➡ _____ Sarah _____ scary movies?

6. 너의 여동생은 새 옷이 필요하니?

➡ _____ your sister _____ new clothes?

C 다음 문장에서 <u>잘못된</u> 부분을 찾아 문장을 바르게 고쳐 쓰세요.

1. Do your brother often go to the movies?

➡ _____

2. Is she go to this school?

➡ _____

3. Does your mom drives a car?

➡ _____

4. Does you likes rainy days?

➡ _____

5. Speak they English?

➡ _____

6. Does she has a brother?

➡ _____

D 다음 문장 중 바른 것은?

1. ① Do they takes a bus to the library?

　② Does you wear gloves in winter?

　③ Does Mina eats spicy food?

　④ Do he come to school early?

　⑤ Do your friends talk a lot?

2. ① Does they play baseball?

　② Does he reads books?

　③ Does she run fast?

　④ Do you has a question?

　⑤ Does he and she walk to school?

Unit **16** 형용사

Ⓐ 주어진 형용사의 뜻과 반대되는 단어를 〈보기〉에서 골라 쓰세요.

〈보기〉	easy	old	far	strong
	thin	soft	sour	hot

1. weak ⟺ _____   **5.** cold ⟺ _____

2. hard ⟺ _____   **6.** sweet ⟺ _____

3. difficult ⟺ _____   **7.** close ⟺ _____

4. young ⟺ _____   **8.** fat ⟺ _____

Ⓑ 다음 중 형용사가 아닌 것은?

1. ① happy   ② busy   ③ old   ④ smile   ⑤ sad

2. ① big   ② hot   ③ sugar   ④ sick   ⑤ beautiful

Ⓒ 다음 문장에서 밑줄 친 부분을 고쳐 문장을 다시 쓰세요.

1. He is a person kind.

➡ _____

2. The dolphin is a animal smart.

➡ _____

3. That is a film boring.

➡ _____

4. I sit at a table round.

➡ _____

5. There is a factory big next to the bank.

➡ _____

D 다음 ( ) 안의 단어를 알맞은 위치에 넣어 문장을 다시 쓰세요.

1. She has a house. (large)

➡ _____

2. I have news. (happy)

➡ _____

3. He asks questions. (difficult)

➡ _____

4. That is a movie. (sad)

➡ _____

5. That is a house. (beautiful)

➡ _____

6. He likes places. (quiet)

➡ _____

E 다음 문장에서 ( ) 안의 단어가 들어갈 위치를 고르고, 우리말로 알맞게 해석하세요.

1. (square)   ① It ② is ③ a ④ box.

➡ _____

2. (famous)   ① He ② is ③ a ④ singer.

➡ _____

3. (funny)   ① It ② was ③ a really ④ show.

➡ _____

4. (green)   ① She ② buys ③ apples ④ at the store.

➡ _____

5. (fifteen)   ① Students ② are ③ in ④ the classroom.

➡ _____

Unit 17 many/much, some/any, all/every

A 다음 우리말과 같은 뜻이 되도록 〈보기〉에서 알맞은 것을 골라 문장을 완성하세요.

〈보기〉   some   any   every   much   all   many

1. 이 빵 안에는 설탕이 많이 있지 않다.

➡ There isn't _____ sugar in this bread.

2. 너 쿠키 좀 먹을래?

➡ Would you like _____ cookies?

3. Tom은 여기 있는 모든 사람을 안다.

➡ Tom knows _____ person here.

4. 나는 많은 옷을 가지고 있지 않다.

➡ I don't have _____ clothes.

5. 설탕 좀 있어?

➡ Is there _____ sugar?

6. 모든 문제가 어렵다.

➡ _____ the questions are difficult.

B 다음 ( ) 안에서 알맞은 것을 고르세요.

1. (Every / All) apples are delicious.

2. (Much / Many) people agree with me.

3. There are (some / any) kids outside.

4. I don't have (some / any) pencils.

5. Dan draws (every / all) tree.

6. There is not (much / many) honey in the bottle.

C 다음 빈칸에 공통으로 들어갈 말로 알맞은 것은?

1.
- Ted doesn't have _____ questions.
- Is there _____ butter?
- There are not _____ flowers.

① any
② some
③ many
④ much
⑤ every

2.
- _____ ball is round.
- _____ rabbit likes carrots.
- I eat _____ vegetable.

① any
② some
③ much
④ every
⑤ all

D 다음 문장 중 바르지 <u>않은</u> 것은?

1. ① My grandma doesn't add many salt in the soup.
② I sometimes eat some cheese.
③ Many people play computer games.
④ Is there any juice in the bottle?
⑤ All the pencils are long.

2. ① I read all the books here.
② There is not much water in the bottle.
③ There is some bread.
④ Do you have any pencils?
⑤ Every girls like him.

Unit 18 부사

A 다음 중 부사가 쓰인 문장에 ✔ 하세요.

1. They cook well. ☐

2. Tim is a fast runner. ☐

3. I really like pizza. ☐

4. It is a science book. ☐

5. That's a very good idea. ☐

B 다음 문장에서 부사에 ○ 하고, 알맞은 역할에 ✔ 하세요.

1. Lily is a very popular girl. ☐ 형용사 수식 ☐ 동사 수식

2. Mina says everything honestly. ☐ 형용사 수식 ☐ 동사 수식

3. I go to bed early at night. ☐ 형용사 수식 ☐ 동사 수식

4. I know a really smart girl. ☐ 형용사 수식 ☐ 동사 수식

5. They study hard for the test. ☐ 형용사 수식 ☐ 동사 수식

C 다음 ( ) 안에서 알맞은 것을 고르세요.

1. He drives (dangerous / dangerously).

2. This is a very (important / importantly) thing.

3. The fish swims (fast / fastly) in the water.

4. Jenny talks (quiet / quietly).

5. The man makes (wonderful / wonderfully) movies.

6. Mary dances (beautiful / beautifully).

7. We study (hard / hardly) for the exam.

D 다음 중 올바른 문장에는 ○, 틀린 문장에는 X 하고 틀린 곳을 바르게 고치세요.

1. The sun shines brightly. ➡ ＿＿＿＿＿＿

2. Children laugh happy. ➡ ＿＿＿＿＿＿

3. Subways go quick. ➡ ＿＿＿＿＿＿

4. I wake up late on weekends. ➡ ＿＿＿＿＿＿

5. My mom drives safe. ➡ ＿＿＿＿＿＿

6. She walks slowly. ➡ ＿＿＿＿＿＿

7. The teacher speaks fastly. ➡ ＿＿＿＿＿＿

E 다음 문장 중 바른 것은?

① The girl in the movie cries sad.

② My dad works hard for us.

③ I can finish the homework easy.

④ He is an honestly man.

⑤ Emma throws a ball very highly.

F 다음 문장 중 바르지 <u>않은</u> 것은?

① He closes the door carefully.

② She swims very well.

③ Sam draws everything perfectly.

④ I say everything honestly.

⑤ Eric solves the problem easy.

G 다음 빈칸에 들어갈 말로 알맞지 <u>않은</u> 것은?

> She sings ＿＿＿＿＿.

① loudly　　② beautifully　　③ happy

④ quietly　　⑤ well

Unit **19** 빈도부사

A 다음 우리말과 같은 뜻이 되도록 〈보기〉에서 알맞은 것을 골라 문장을 완성하세요.

〈보기〉 usually   sometimes   often   never   always

1. 나는 결코 춤을 추지 않는다.

➡ I _____ dance.

2. 우리는 항상 학교에서 우유를 마신다.

➡ We _____ drink milk in school.

3. Chris는 대개 친절하다.

➡ Chris is _____ kind.

4. 너는 가끔 너의 물건들을 잃어버린다.

➡ You _____ lose your things.

5. Lily는 종종 영화를 보러 갈 수 있다.

➡ Lily can _____ go to the movies.

B 다음 문장에서 ( ) 안의 단어가 들어갈 위치를 고르세요.

1. (often)   I ① bring ② my ③ friends ④ home.

2. (never)   She ① fights ② with ③ her ④ friends.

3. (usually)   Our ① classroom ② is ③ noisy.

4. (always)   My ① dad ② watches ③ the ④ news.

5. (sometimes) We ① will ② go ③ to ④ the library.

C 다음 우리말과 일치하는 문장을 고르세요.

1. 나의 아빠는 결코 커피를 드시지 않는다.

a. My dad never drinks coffee.

b. My dad drinks never coffee.

2. 우리 선생님은 대개 바쁘시다.

a. Our teacher is usually busy.

b. Our teacher always is busy.

3. 나는 종종 내 방을 청소한다.

a. I clean often my room.

b. I often clean my room.

4. 그들은 여기서 항상 조용히 해야 한다.

a. They always should be quiet here.

b. They should always be quiet here.

D 다음 우리말과 같은 뜻이 되도록 ( ) 안의 말을 바르게 배열하세요.

1. 그는 결코 나를 돕지 않는다. (never / helps / me / he)

➡ _____

2. 나는 가끔 그곳에 방문할 것이다. (I / visit / will / there / sometimes)

➡ _____

3. 그녀는 항상 웃는다. (smiles / she / always)

➡ _____

4. John은 종종 축구를 한다. (often / John / soccer / plays)

➡ _____

5. 내 방은 대개 깨끗하다. (usually / is / clean / my room)

➡ _____

Unit 20 전치사

A 다음 우리말과 같은 뜻이 되도록 〈보기〉에서 알맞은 것을 골라 문장을 완성하세요.

| 〈보기〉 | behind | in front of | in | at | on | under |

1. Tom은 오후 10시에 잠자리에 든다.

➡ Tom goes to bed _____ 10 p.m.

2. 그들은 지금 식당 안에 있다.

➡ They are _____ the restaurant now.

3. 내 여동생과 나는 화요일에 피아노 수업이 있다.

➡ My sister and I have a piano lesson _____ Tuesday.

4. 나는 가끔 밤에 TV를 본다.

➡ I sometimes watch TV _____ night.

5. 연필이 책상 아래에 있다.

➡ A pencil is _____ the desk.

6. 우리는 항상 5월에 소풍을 간다.

➡ We always go on a picnic _____ May.

7. 나무 앞에 차 한 대가 있다.

➡ There is a car _____ the tree.

8. 바닥 위에 물이 있다.

➡ There is water _____ the floor.

9. 엄마가 부엌에 계신다.

➡ Mom is _____ the kitchen.

10. 그 건물 뒤에 공원이 있다.

➡ There is a park _____ the building.

B 다음 ( ) 안에서 알맞은 것을 고르세요.

1. Students study (on / in) the classroom.

2. We eat dinner together (on / at) weekends.

3. Snow falls (on / in) winter.

4. I get up (at / in) seven.

5. My brother is (on / at) home now.

6. They live (on / in) Japan.

7. I go to the park (on / at) Sundays.

8. We eat lunch (at / in) noon.

C 다음 빈칸에 들어갈 말이 순서대로 짝지어진 것을 고르세요.

- Children's Day is _____ May 5th.
- I go to bed at eleven _____ night.
- The vacation is _____ July.

① on – at – in   ② at – on – at   ③ in – on – on
④ at – at – at   ⑤ in – in – in

D 다음 빈칸에 들어갈 말이 <u>다른</u> 하나는?

① You take a shower _____ the bathroom.
② My mom cooks _____ the evening.
③ My dad goes to bed _____ midnight.
④ I go to school _____ the morning.
⑤ We go on a trip _____ August.

memo ✐

memo ✑

memo ✍

Oh! My SPEAKING

오! 마이 스피킹

대상	예비 초 ~ 초등 4학년
구성	**Student Book**

Workbook, MP3 CD, Picture Cards 포함

1 레벨 1 ~ 6으로 세분화된 레벨링

2 의사소통 중심의 수업을 위해
교사와 학생 모두에게 최적화된 구성

3 전략적 반복 학습의 나선형 시스템

4 말하기를 중심으로
어휘, 문법까지 통합적 학습 가능

오! 마이 스피킹 교재 특징

수준별 학습을 위한 6권 분류

1권 / 2권	Early Beginners
3권 / 4권	Beginners
5권 / 6권	Pre-Intermediates

세이펜 적용 도서

세이펜으로
원어민 발음을
학습하고, 혼자서도
재미있게 학습해요!

SAYPEN

워크북 숙제도우미, Christina(초코언니)

워크북 속 QR코드와
세이펜으로
Christina의 음성을
들을 수 있어요!

쎄듀북닷컴(www.cedubook.com)에서 부가 자료를 무료로 다운로드할 수 있습니다.

쎄듀

쎄듀 초·중등 커리큘럼

초등

	예비초	초1	초2	초3	초4	초5	초6
구문		천일문 365 일력 │초1-3│ 교육부 지정 초등 필수 영어 문장		초등코치 천일문 SENTENCE 1001개 통문장 암기로 완성하는 초등 영어의 기초			
문법				초등코치 천일문 GRAMMAR 1001개 예문으로 배우는 초등 영문법			
			왓츠 Grammar		Start (초등 기초 영문법) / Plus (초등 영문법 마무리)		
독해				왓츠 리딩 70 / 80 / 90 / 100 A / B 쉽고 재미있게 완성되는 영어 독해력			
어휘				초등코치 천일문 VOCA&STORY 1001개의 초등 필수 어휘와 짧은 스토리			
		패턴으로 말하는 초등 필수 영단어 1 / 2 문장 패턴으로 완성하는 초등 필수 영단어					
ELT	Oh! My PHONICS 1 / 2 / 3 / 4 유·초등학생을 위한 첫 영어 파닉스						
		Oh! My SPEAKING 1 / 2 / 3 / 4 / 5 / 6 핵심 문장 패턴으로 더욱 쉬운 영어 말하기					
		Oh! My GRAMMAR 1 / 2 / 3 쓰기로 완성하는 첫 초등 영문법					

중등

	예비중	중1	중2	중3
구문	천일문 STARTER 1 / 2			중등 필수 구문 & 문법 총정리
문법	천일문 GRAMMAR LEVEL 1 / 2 / 3			예문 중심 문법 기본서
	GRAMMAR Q Starter 1, 2 / Intermediate 1, 2 / Advanced 1, 2			학기별 문법 기본서
	잘 풀리는 영문법 1 / 2 / 3			문제 중심 문법 적용서
	GRAMMAR PIC 1 / 2 / 3 / 4			이해가 쉬운 도식화된 문법서
		1센치 영문법		1권으로 핵심 문법 정리
문법+어법		첫단추 BASIC 문법·어법편 1 / 2		문법·어법의 기초
문법+쓰기	EGU 영단어&품사 / 문장 형식 / 동사 써먹기 / 문법 써먹기 / 구문 써먹기			서술형 기초 세우기와 문법 다지기
				올씀 1 기본 문장 PATTERN 내신 서술형 기본 문장 학습
쓰기	거침없이 Writing LEVEL 1 / 2 / 3			중등 교과서 내신 기출 서술형
		중학 영어 쓰작 1 / 2 / 3		중등 교과서 패턴 드릴 서술형
어휘	천일문 VOCA 중등 스타트/필수/마스터			2800개 중등 3개년 필수 어휘
	어휘끝 중학 필수편		중학 필수어휘 1000개	어휘끝 중학 마스터편 고난도 중학어휘 +고등기초 어휘 1000개
독해	ReadingGraphy LEVEL 1 / 2 / 3 / 4			중등 필수 구문까지 잡는 흥미로운 소재 독해
		Reading Relay Starter 1, 2 / Challenger 1, 2 / Master 1, 2		타교과 연계 배경 지식 독해
		READING Q Starter 1, 2 / Intermediate 1, 2 / Advanced 1, 2		예측/추론/요약 사고력 독해
독해전략			리딩 플랫폼 1 / 2 / 3	논픽션 지문 독해
독해유형			Reading 16 LEVEL 1 / 2 / 3	수능 유형 맛보기 + 내신 대비
			첫단추 BASIC 독해편 1 / 2	수능 유형 독해 입문
듣기	Listening Q 유형편 / 1 / 2 / 3			유형별 듣기 전략 및 실전 대비
		쎄듀 빠르게 중학영어듣기 모의고사 1 / 2 / 3		교육청 듣기평가 대비

천일문
grammar
✦ 정답과 해설 ✦

1

천일문
grammar

✦ ✦ ✦

정답과 해설

1

Find the Rule
1☑ 2☑ 3☑ 4☑ 6☑ 7☑

Apply the Rule
04 → daies → days
07 → churchs → churches
08 → Babys → Babies
10 → knifes → knives

Make Your Own
1. candies　　2. leaves

Exercises　　　　　　　　p.15

A 1. books　2. foxes　3. houses
4. cities　5. children 6. deer
7. mice　8. girls　9. carrots
10. monkeys
▶ 2. -x로 끝나는 명사의 복수형은 뒤에 -es
를 붙인다.
4. 「자음+-y」로 끝나는 명사의 복수형은
「자음+-ies」로 쓴다.
5. child의 복수형은 children이다.
6. deer은 단수형과 복수형이 같다.
7. mouse의 복수형은 mice이다.
10. 「모음+-y」로 끝나는 명사의 복수형은
명사 뒤에 -s만 붙인다.

B 1. birds　2. sisters　3. glasses
4. leaves　5. movies　6. women
7. boys　8. fish　9. buses
10. toys

▶ 3. -s로 끝나는 명사의 복수형은 뒤에 -es
를 붙인다.
4. -f로 끝나는 명사의 복수형은 -ves로
쓴다.
6. woman의 복수형은 women이다.
8. fish는 단수형과 복수형이 같다.

C 1. classes　　2. oranges
3. brothers　　4. tomatoes
5. sheep　　6. feet
7. beans　　8. Deer
9. photos　　10. mice
▶ 4. 「자음+-o」로 끝나는 명사의 복수형은
뒤에 -es를 붙인다.
5. sheep은 단수형과 복수형이 같다.
6. foot의 복수형은 feet이다.
8. deer는 단수형과 복수형이 같다.
9. photo의 복수형은 예외적으로 뒤에 -s
만 붙인다.

D 1. babies　　2. bikes
3. butterflies　　4. friends
5. children

E 1. watches　　2. knives
3. kids　　4. potatoes
5. umbrellas

F 1. teeth　　2. candies
3. chairs　　4. fingers
5. Leaves　　6. strawberries
▶ 1. tooth의 복수형은 teeth이다.

Find the Rule
1☑ 3☑ 4☑ 5☑

Apply the Rule
04 → breads → bread
06 → seoul → Seoul

09 → lucks → luck
10 → a homework → homework

Make Your Own
1. apples, bread　　　　2. news

A 1. water 　2. Korea 　3. soup
4. hope 　5. rice 　6. time
7. beauty 　8. Eric 　9. gold
10. news
▶ 일정한 모양이 없는 것, 눈에 보이지 않거나 만질 수 없는 것, 과목, 운동 등의 명사는 셀 수 없다.

B 1. bread, potatoes
2. soccer, baseball
3. Knives, milk, table
4. books, money
5. music, art

C 1. seoul → Seoul
2. john → John
3. english → English
4. april → April

5. monday → Monday
6. china → China
▶ 사람이나 사물의 이름, 도시나 국가 이름, 요일, 월 등을 나타내는 고유명사는 항상 대문자로 시작한다.

D 셀 수 있는 명사: bird, coin, story, day, elephant, student, bus, desk
셀 수 없는 명사: rice, Japan, help, beef, rain, love, May

E ④
▶ America(미국)는 고유명사이므로 첫 글자를 대문자로 써야 한다.

F 1. Jessica 　　2. cheese
3. Busan 　　4. homework
5. water 　　6. English
7. bread 　　8. air
9. peace 　　10. France

Unit | 03 a/an, the (관사) p.24

Find the Rule
1 ☑ 2 ☑ 4 ☑ 5 ☑ 6 ☑ 7 ☑

Apply the Rule
01 → an → a
05 → a → an
06 → a → the
10 → a → the

Make Your Own
1. a cat, The cat
2. an apple, an egg

A 1. a 　2. an 　3. a 　4. a
5. an 　6. an
▶ a나 an은 셀 수 있는 명사를 처음 말할 때 쓴다. 보통 a를 쓰지만, 첫 음이 모음(a, e, i, o, u)으로 발음되는 단어 앞에는 an을 쓴다.

B 1. X 　2. a 　3. X 　4. a

5. X 　6. X
▶ a/an은 셀 수 있는 명사의 복수형이나 셀 수 없는 명사 앞에는 쓰지 않는다.

C 1. X 　2. the 　3. X 　4. the
5. the 　6. the 　7. X 　8. X
9. the 　10. the
▶ 운동이나 식사 이름, 사람이나 지역 이름과 같은 고유명사 앞에는 주로 관사를 붙이지 않는다.

D 1. X 　2. the 　3. the 　4. an
5. The

E 1. an, a 　2. an 　3. a 　4. an
5. the 　6. X, the 　7. The 　8. The
9. The 　10. X

F 1. X 　2. the 　3. X 　4. an
5. X 　6. X 　7. The 　8. an
9. The 　10. X 　11. the 　12. X
13. X 　14. The 　15. a

Find the Rule
1☑ 2☑ 3☑ 4☑

Apply the Rule
04 → She → He
07 → They → We
08 → We → You
10 → You → They

Make Your Own
1. She　　　2. They

Exercises
p.33

Ⓐ 1. He, 그는
2. You, 너는/너희들은
3. She, 그녀는
4. I, 나는
5. They, 그들은
6. It, 그것은

Ⓑ 1. We watch TV together.
2. They are my friends.
3. She has short hair.
4. They live in the city.
5. She has two dogs. They are smart.

Ⓒ 1. He　　2. They　　3. She
4. We　　5. She

Ⓓ 1. They　　2. She　　3. He
4. We　　5. It　　6. They

Ⓔ 1. He　　2. They　　3. It
4. They　　5. You

Ⓕ 1.-d　　2.-e　　3.-c
4.-b　　5.-a
▶ 1.–d: He　　2.–e: She
3.–c: They　　4.–b: It
5.–a: I

Find the Rule
1☑ 2☑ 3☑ 4☑ 6☑ 7☑

Apply the Rule
01 → I → me
03 → her → them
04 → you → your
06 → a her → her
09 → her → hers

Make Your Own
1. Her　　　2. them

Exercises
p.39

Ⓐ 1. them　　2. us　　3. them
4. him　　5. them　　6. hers
7. his　　8. his　　9. theirs
10. mine

Ⓑ 1. them, 그들을/그것들을
2. it, 그것을
3. my, 나의
4. His, 그의
5. hers, 그녀의 것
6. Our, 우리의
7. ours, 우리의 것
8. his, 그의 것
9. their, 그들의
10. your, 너의/너희들의

Ⓒ 1. Your　　2. hers　　3. our
4. me　　5. him

Ⓓ 1. This is her guitar.
2. The boys ride them[theirs].
3. I eat them every day.
4. I visit her on Saturdays.
5. I don't know it.

6. This is not our car. Ours is red.

E 1. She　**2.** their　**3.** theirs
4. your　**5.** mine　**6.** he
7. our

F 1. O　　　　**2.** X, → yours
3. O　　　　**4.** X, → her

5. X, → me　　**6.** X, → his
7. O　　　　**8.** X, → Her
9. O

▶ **5.** My brother helps my sister and my.
의 마지막 my를 me로 고친 My brother
helps my sister and me.가 올바른 문장
이다.

Unit | 06 지시대명사와 지시형용사　　　　p.42

Find the Rule
1☑ 2☑ 4☑ 5☑ 6☑ 7☑

Apply the Rule
02 → These → This
03 → This → These
08 → sock → socks
09 → boys → boy

Make Your Own
1. These, are, pets
2. this, song

Exercises　　　　　　　　　　p.45

A 1. these　**2.** These　**3.** That
4. Those　**5.** This　**6.** This
7. Those

B 1. These are mirrors.
2. Those are birds.
3. These are buildings.
4. These are my friends.
5. Those are my cousins.
▶ this의 복수형은 these로, that의 복수형은
those로 쓴다.

C 1. her cousins　**2.** a candy
3. a ticket　　　**4.** my notebooks
5. a great idea

D 1. a　　　**2.** a　　　**3.** a
4. a　　　**5.** b
▶ **1.** a의 this는 뒤의 명사 bag과 함께 쓰여
지시형용사로 쓰였고, b의 this는 '이것'
이라는 뜻의 지시대명사로 쓰였다.

E 1. Those　**2.** These　**3.** That
4. These　**5.** This　**6.** This
7. These　**8.** That　**9.** those
10. that

F 1. This fruit is delicious.
2. These are my grandparents.
3. I like these old books.
4. These shoes fit me very well.
5. Those are difficult problems.

G 1. Those cookies are delicious.
2. This bicycle is mine.
3. That television is broken.
4. My favorite toy is this train.

Find the Rule

1 ☑ 2 ☑ 3 ☑ 4 ☑ 6 ☑

Apply the Rule

02 → is → are

07 → is → are

09 → are → is

10 → is → are

Make Your Own

1. hair, is, long
2. dogs, are, cute

Exercises   p.51

Ⓐ **1.** am   **2.** are   **3.** is
    4. are   **5.** is   **6.** is
    7. is

Ⓑ **1.** She's   **2.** I'm   **3.** He's
    4. They're   **5.** We're   **6.** It's
    7. You're

Ⓒ **1.** is   **2.** am   **3.** is
    4. are   **5.** are   **6.** is

Ⓓ **1.** ①, is   **2.** ②, is   **3.** ①, are
    4. ①, am   **5.** ①, is   **6.** ③, are
    ▶ be동사는 주어 뒤에 온다.

Ⓔ **1.** I am really tired today.
    2. She is our music teacher.
    3. His sister is seven years old.
    4. Ben and I are sick.
    5. That is a really good movie!
    6. These pants are too small.
    7. His tests are very difficult.
    ▶ **1.** 1인칭 단수 주어 뒤에는 be동사 am이 온다.
       2, 3, 5. 3인칭 단수 주어 뒤에는 be동사 is가 온다.
       4. 1인칭 복수 주어 뒤에는 be동사 are가 온다.
       6, 7. 3인칭 복수 주어 뒤에는 be동사 are가 온다.

Ⓕ **1.** He is   **2.** It is
    3. She is   **4.** They are
    5. We are

Ⓖ **1.** It is[It's] an elephant.
    2. They are[They're] doctors.
    3. He is[He's] always busy.
    4. She is[She's] tall.
    5. I am[I'm] her sister.

Find the Rule

1 ☑ 2 ☑ 4 ☑ 5 ☑ 6 ☑

Apply the Rule

01, 02, 03 → ~이다

04, 05, 06, 07 → ~하다

08, 09, 10 → ~에 있다

Make Your Own

1. is, smart
2. are, in the cage

Exercises   p.57

Ⓐ **1.** is, ~이다   **2.** is, ~에 있다
    3. are, ~하다   **4.** am, ~하다
    5. is, ~이다   **6.** is, ~하다
    7. are, ~에 있다   **8.** is, ~이다
    9. are, ~하다   **10.** are, ~에 있다

Ⓑ **1.** ②, ~하다   **2.** ③, ~하다
    3. ②, ~에 있다   **4.** ③, ~이다
    5. ②, ~하다

C 1. She is   2. I am   3. He is
4. He is   5. They are

D 1. ①-c   ②-a   ③-b
2. ①-b   ②-a   ③-c
▶ 1. ①과 c는 '~하다', ②와 a는 '~에 있다',
③과 b는 '~이다'라는 의미로 쓰였다.
2. ①과 b는 '~이다', ②와 a는 '~에 있다',
③과 c는 '~하다'라는 의미로 쓰였다.

E 1. lucky   2. on the desk
3. basketball   4. hers

F 1. 저 건물은 아주 높다.
2. 사탕들은 테이블 위에 있다.
3. 그는 나의 선생님이다.
4. 그 펜들은 빨간색이다.

Unit | 09 be동사의 부정문

Find the Rule
1☑ 2☑ 4☑ 5☑ 6☑

Apply the Rule
02 → not are → are not[aren't]
04 → not is → is not[isn't]
06 → amn't → am not
09 → 's not → is not[isn't]

Make Your Own
1. singer, is not[isn't], famous
2. books, are not[aren't], interesting

Exercises
p.63

A 1. is not   2. is not   3. are not
4. are not   5. am not

B 1. It's not[It isn't]
2. isn't
3. You're not[You aren't]
4. We're not[We aren't]
5. They're not[They aren't]
6. He's not[He isn't]
7. I'm not

C 1. This box is not[isn't] heavy.
2. They are not[They're not /
They aren't] my friends.

3. You are not[You're not / You
aren't] right.
4. She is not[She's not / She
isn't] my teacher.
5. I am not[I'm not] in the
bathroom.
6. You are not[You're not / You
aren't] funny.
7. These answers are not[aren't]
wrong.
8. We are not[We're not / We
aren't] in the living room.
9. The boy is not[isn't] my
brother.
10. John is not[isn't] in the
classroom.

D 1. are not cute
2. is not fine
3. is not cheap
4. am not hungry
5. is not an interesting movie
6. am not 17 years old
7. is not at the bus stop
8. are not in my bag
9. is not my birthday
10. is not difficult

Unit | 10 be동사의 의문문

p.66

Find the Rule

1☑ 2☑ 3☑ 4☑

Apply the Rule

02 → You are → Are you
06 → Is → Are
08 → Your teacher is → Is your
   teacher
10 → Is → Are

Make Your Own

1. Are, balls, yours
2. Is, movie

Exercises

p.69

Ⓐ 1. Are you   2. Are they
   3. Is it   4. Is she
   5. Is he

Ⓑ 1. Are you ready?
   2. Is it important?
   3. Is he in the classroom?

4. Is Jane popular?
5. Is the cake in the box?

Ⓒ 1. b   2. a   3. b   4. a
   ▶ 4. your room은 3인칭 단수이므로 be동사
      로 is가 온다.

Ⓓ 1. b   2. a   3. a   4. a

Ⓔ 1. Are   2. Are   3. Am   4. Is

Ⓕ 1. Are they brothers?
   2. Is Mom in the living room?
   3. Is the music too loud?
   4. Are you bored?
   5. Is Dad in the bedroom?
   6. Are the students in the
      playground?
   7. Is he your uncle?
   8. Are you honest?
   9. Is this your bag?
   10. Are the shoes red?

Unit | 11 비인칭 주어 it

p.72

Find the Rule

2☑ 3☑ 4☑ 5☑ 6☑ 7☑

Apply the Rule

02 → This → It
05 → Now → It
07 → Here → It
09 → There → It

Make Your Own

1. It, is, bright
2. It, is, far

Exercises

p.75

Ⓐ 1. a   2. b   3. b
   4. b   5. a

▶ 날씨, 시간, 날짜 등을 나타낼 때는 비인칭
   주어 it을 쓴다.

Ⓑ 1. 날씨   2. 요일   3. 명암   4. 시간
   5. 날짜   6. 거리   7. 계절

Ⓒ 1. a   2. b   3. b
   4. b   5. a

Ⓓ 1. It is[It's] warm.
   2. It is[It's] very hot
   3. It is[It's] Sunday.
   4. It is[It's] very cold
   5. It is[It's] noon.
   6. It is[It's] June 1st.

Ⓔ 1. It is November 3rd

2. It is windy

3. It is a warm day.

4. It is my sister's birthday.

5. It is very bright

F **1.** ③ **2.** ④

▶ **1.** ③의 It은 사물을 가리키는 지시대명사로 쓰였다.

2. ④의 It은 사물을 가리키는 지시대명사로 쓰였다.

Unit | 12 There is/There are

p.78

Find the Rule

1☑ 2☑ 3☑ 4☑ 5☑

Apply the Rule

02 → are → is

05 → are → is

07 → is → are

09 → Are → Is

Make Your Own

1. There, is, snow

2. There, are, balls

Exercises

p.81

A **1.** b **2.** b **3.** b **4.** a

B **1.**-c **2.**-d **3.**-a **4.**-b

C **1.** is **2.** are **3.** are

4. Is **5.** is

▶ **4.** water는 셀 수 없는 명사이므로 be동사로 is가 온다.

5. food는 셀 수 없는 명사이므로 be동사로 is가 온다.

D **1.** (부정문) There is not a computer in the room.

(의문문) Is there a computer in the room?

2. (부정문) There is not a boat in the sea.

(의문문) Is there a boat in the sea?

3. (부정문) There is not juice in the cup.

(의문문) Is there juice in the cup?

4. (부정문) There are not tall trees in this park.

(의문문) Are there tall trees in this park?

E **1.** There is **2.** Is there

3. There are not **4.** There are

5. There is not

F **1.** There is a building

2. Is there a cat

3. Are there pencils

4. There are not books

5. There is not coffee

Unit | 13 일반동사의 긍정문

p.84

Find the Rule

1☑ 2☑ 3☑ 3-2☑ 3-3☑ 3-4☑

Apply the Rule

02 → knows → know

03 → reades → reads

06 → washs → washes

09 → plaies → plays

Make Your Own

1. carries

2. goes

xercises p.87

Ⓐ 1. have 2. go 3. studies
4. come 5. read 6. cleans

Ⓑ 1. has 2. walk 3. plays
4. cooks 5. watches 6. wears
7. likes 8. eat 9. moves
10. flies
▶ 1. have의 3인칭 단수형은 has로 불규칙 변화한다.
8. 주어 Tom and Ben은 3인칭이지만 복수이므로 동사원형을 쓴다.

Ⓒ 1. does 2. plays 3. sings
4. has 5. listen

Ⓓ 1. teaches 2. drives 3. comes
4. makes 5. has 6. enjoys

Ⓔ 1. tell 2. hears 3. sit
4. passes 5. like

Ⓕ 1. ⑤ 2. ③ 3. ③
▶ 2. ② study의 3인칭 단수형은 studies이다.
3. ② fix의 3인칭 단수형은 fixes이다.

Unit | 14 일반동사의 부정문 p.90

Find the Rule
1☑ 2☑ 3☑ 4☑

Apply the Rule
03 → need not → do not[don't] need
05 → doesn't → do not[don't]
07 → lives → live
09 → don't → does not[doesn't]

Make Your Own
1. doesn't[does not], have
2. don't[do not], drink

xercises p.93

Ⓐ 1. ① 2. ① 3. ② 4. ①
5. ③ 6. ① 7. ②
▶ 일반동사의 부정문은 동사 앞에 do not[don't]을 붙여서 쓴다. 단, 주어가 3인칭 단수일 때는 does not[doesn't]을 쓴다.

Ⓑ 1. doesn't 2. don't 3. don't
4. doesn't 5. don't 6. doesn't
7. don't 8. doesn't 9. doesn't
10. don't

Ⓒ 1. does not[doesn't]
2. want
3. do not[don't]
4. have
5. know
▶ 2, 4, 5. 일반동사의 부정문을 만드는 don't, doesn't 뒤에는 항상 동사원형을 쓴다.

Ⓓ 1. They do not[don't] take a break.
2. You do not[don't] get up early.
3. Paul does not[doesn't] like bananas.
4. They do not[don't] go swimming in winter.
5. He does not[doesn't] study hard.
6. Lucy does not[doesn't] ride a bike.

Ⓔ 1. ③ 2. ④

Ⓕ 1. ⑤ 2. ③ 3. ⑤

Unit | 15 일반동사의 의문문

p.96

Find the Rule

1 ☑ 2 ☑ 3 ☑ 4 ☑

Apply the Rule

05 → Does → Do
07 → has → have
09 → likes → like
10 → Do → Does

Make Your Own

1. Do, you, know
2. Does, she, have

Exercises

p.99

A 1. Do　　2. Do　　3. Does
　　4. Do　　5. Does　　6. Do
　　7. Does

B 1. Do you have an umbrella?
　　2. Do you need help?
　　3. Does he wear glasses?
　　4. Does she live in the city?
　　5. Does he work at the bank?
　　6. Does she have a pet?

7. Does he speak English?
8. Does she like vegetables?

C 1. a　　2. a　　3. b　　4. b

D 1. Does　　2. Do you eat
　　3. want　　4. go
　　5. Do　　6. have
　　7. Does　　8. Do
　　9. Do　　10. solve
　　▶ 1. 주어가 3인칭 단수인 he이므로 Does가
　　　　알맞다.
　　　　3. wants를 동사원형 want로 고쳐야
　　　　알맞다.

E 1. Do they like
　　2. Do you do your homework
　　3. Do you and your sister cook
　　4. Does Mike go
　　5. Does she have
　　6. Does he eat dinner
　　7. Does Jenny buy
　　8. Do they play basketball
　　9. Do they sing
　　10. Does your dad watch

Unit | 16 형용사

p.102

Find the Rule

1 ☑ 2 ☑ 4 ☑ 5 ☑

Apply the Rule

02 → nice a boy → a nice boy
03 → blue her shirt → her blue shirt
06 → foods salty → salty foods
10 → sweet are → are sweet

Make Your Own

1. the, right, answer
2. a, warm, sweater

Exercises

p.105

A 1. small car
　　2. honest man
　　3. long hair
　　4. cute baby
　　5. delicious cookies
　　6. same pen
　　7. great musician
　　8. expensive computer
　　9. pretty necklace
　　10. easy problems
　　▶ 형용사는 명사 앞에 쓰여 명사를 꾸며 주는
　　　역할을 한다.

B 1. white 2. lazy 3. interesting
4. wet 5. high 6. clean
▶ 형용사는 be동사 뒤에 와서 주어를 보충 설명해주는 역할을 한다.

C 1. ② 2. ③ 3. ④
4. ③ 5. ③ 6. ④

D 1. We live in a big city.
2. That is a sharp knife.
3. She is a famous singer.
4. My mom buys fresh vegetables.

5. Those are difficult questions.

E 1. hot 2. sweet 3. new
4. empty 5. cold 6. beautiful
7. loud

F 1. a big car
2. an interesting book
3. an old building
4. a friendly nurse
5. my new coat
6. funny stories

Unit | **17** many/much, some/any, all/every
p.108

Find the Rule
1☑ 2☑ 4☑ 5☑ 6☑ 7☑ 8☑

Apply the Rule
02 → many → much
06 → some → any
08 → Every → All
10 → All → Every

Make Your Own
1. Some, children
2. all, flowers

Exercises p.111

A 1. some 2. Every 3. much
4. some 5. all 6. much
7. any 8. All 9. any
10. many 11. every 12. any
13. many 14. all 15. many
16. all
▶ 1. 긍정문에서는 some을 쓴다.
2. 뒤에 단수명사 puppy가 왔으므로 Every 가 알맞다.
3. water는 셀 수 없는 명사이므로 much가 알맞다.
5. 뒤에 복수명사 the windows가 왔으므로 all이 알맞다.
7. 부정문에서는 any를 쓴다.

10. tree는 셀 수 있는 명사이므로 many가 알맞다.
12. 의문문이며 '권유'나 '부탁'의 의미가 아 니므로 any가 알맞다.

B 1. many 2. any 3. some
4. every 5. All 6. much

C 1. ③ 2. ①
▶ 1. ③ egg는 셀 수 있는 명사이므로 much 뒤에 올 수 없다.
2. ① 빈칸 앞에 some이 왔으므로 셀 수 있는 명사의 복수형 toys로 써야 알맞다.

D ①
▶ ① butter는 셀 수 없는 명사이므로 빈칸에 much가 알맞고, 나머지는 모두 복수명사 이므로 many[Many]가 알맞다.

E ③
▶ ③ women은 woman의 복수형이므로 빈 칸에 All이 알맞고, 나머지는 모두 단수명 사이므로 Every[every]가 알맞다.

F 1. ④ 2. ⑤
▶ 1. ④ every 뒤에는 단수명사가 오므로 subject로 쓰거나, every를 all로 바꿔 써 야 알맞다.
2. ⑤ juice는 셀 수 없는 명사이므로 much 가 알맞다.

Unit | 18 부사

p.114

Find the Rule

1☑ 2☑ 3☑ 4☑ 6☑ 7☑

Apply the Rule

02 → careful → carefully
07 → gentlely → gently
08 → happyly → happily
10 → fastly → fast

Make Your Own

1. busily   2. quietly

Exercises

p.117

Ⓐ 1. beautifully   2. heavily
3. high   4. quickly
5. fast   6. easily
7. slowly   8. safely
9. late   10. hard
11. well   12. quietly
13. differently 14. honestly
15. luckily   16. sadly
17. happily   18. badly
19. early   20. carefully

Ⓑ 1. beautifully, 동사
2. easily, 동사
3. well, 동사
4. really, 형용사
5. dangerously, 동사

Ⓒ 1. a. 부사   b. 형용사
2. a. 부사   b. 형용사

3. a. 부사   b. 형용사
4. a. 형용사   b. 부사
5. a. 부사   b. 형용사

Ⓓ 1. safely   2. fast
3. quiet   4. differently
5. easily   6. nicely
7. kind   8. heavy

▶ 3, 8번에서는 주어를 설명해 주는 형용사
가 알맞고, 7번은 명사를 꾸며 주는 형용사
가 알맞다. 나머지는 동사를 꾸며 주는 부
사가 알맞다.

Ⓔ 1. X, careful → carefully
2. X, soft → softly
3. O
4. X, fastly → fast
5. X, highly → high
6. X, beautiful → beautifully
7. X, lowly → low
8. O
9. X, kind → kindly
10. X, good → well
11. O
12. X, happy → happily
13. X, perfect → perfectly
14. O
15. O
16. X, quiet → quietly

Unit | 19 빈도부사

p.120

Find the Rule

1☑ 2☑ 4☑ 5☑

Apply the Rule

02 → go always → always go
06 → helps often → often helps

07 → sometimes are
→ are sometimes
10 → never will tell → will never tell

Make Your Own

1. are, always   2. often, watches

Ⓐ 1. always **2.** usually
3. never **4.** sometimes
5. often
▶ '어떤 일이 얼마나 자주 일어나는지'를 의미하는 부사를 '빈도부사'라고 한다.

Ⓑ 1. never **2.** usually
3. sometimes **4.** always
5. often

Ⓒ 1. a **2.** b **3.** b **4.** a

Ⓓ 1. ① **2.** ③ **3.** ① **4.** ④
5. ① **6.** ② **7.** ① **8.** ②

▶ 빈도부사는 일반적으로 be동사/조동사 뒤, 일반동사 앞에 위치한다.

Ⓔ ④

Ⓕ 1. I sometimes eat pizza.
2. She never uses a blue pen.
3. We can never forget this gift.
4. My sister often cooks for me.
5. Jane usually goes to the movies.
▶ **4, 5.** 빈도부사가 있어도 주어가 3인칭 단수이면 동사에 -s 또는 -es를 붙여서 쓴다.

Ⓖ 1. You are never late for school.
2. He always wears a hat.

Unit | **20** 전치사 p.126

Find the Rule
1☑ 2☑ 3☑ 5☑

Apply the Rule
06 → in front → in front of
08 → on → at
09 → at → on
10 → on → in

Make Your Own
1. in, bathroom
2. in, summer

Ⓐ 1. under **2.** in **3.** in
4. at **5.** on **6.** on
7. behind **8.** in **9.** in front of

Ⓑ 1. behind **2.** at **3.** in
4. in **5.** on

Ⓒ 1. under **2.** in **3.** behind
4. on

Ⓓ 1. on **2.** in front of **3.** in
4. on **5.** at
▶ **3.** 도시, 나라 등의 넓은 장소나 지역 앞에는 at이 아니라 in을 쓴다.

Ⓔ 1. ③ **2.** ② **3.** ①
▶ **1.** 사는 지역이나 계절 이름 앞에는 모두 in이 알맞다.
2. 요일 이름이나 날짜 앞에는 모두 on이 알맞다.
3. 좁은 장소나 지점, 하루의 특정한 때 앞에는 모두 at이 알맞다.

Ⓕ ⑤
▶ ⑤의 빈칸은 요일 이름 앞이므로 on이 알맞고 나머지는 모두 in이 알맞다.

천일문
grammar

◆ ◆ ◆

WORKBOOK
정답과 해설

1

Unit | 01 p.2

A 1. balloons 2. men 3. beaches
4. fish 5. answers 6. oxen
7. ladies 8. leaves 9. tomatoes
10. pianos

B 1. ④ 2. ③
▶ 1. ④ box의 복수형은 boxes이다.
2. ③ story의 복수형은 stories이다.

C 1. boys 2. photos 3. dishes
4. brushes 5. bottles

D ③

E ⑤

F 1. spoons 2. dresses
3. deer 4. geese
5. stories 6. candies
7. butterflies 8. benches
9. knives 10. parties

Unit | 02 p.4

A 1. money 2. magic 3. fun
4. nature 5. tennis 6. love
7. rain 8. air 9. butter
10. peace

B 1. Mice, cheese
2. sister, eggs, bread
3. friends, music
4. Sugar, honey, table
5. brother, soccer, badminton
6. man, salt
7. girl, bread
8. Juice, bottle
9. children, homework
10. boy, math
▶ 일정한 형태가 없이 덩어리로 되어 있거나
너무 작아서 세기 어려운 곡물이나 가루
등은 셀 수 없다.

C ②
▶ ② 물은 셀 수 없는 명사이므로 waters를
water로 고쳐야 알맞다.

D 1. milk 2. money 3. David

4. oil 5. China 6. coffee
7. help

E 1. English 2. soccer
3. homework 4. Dan
5. Mary

Unit | 03 p.6

A 1. ② 2. ③ 3. ①
4. ④ 5. ③

B 1. a 2. X 3. the
4. the 5. an 6. the
7. The, the 8. the 9. an, X
10. a

C ③
▶ ① She has a pencil. 또는 She has
pencils. ② The boys play basketball.
④ Seoul is the capital of South Korea.
⑤ She wants a puppy for her birthday.
또는 She wants puppies for her birthday.
가 되어야 올바른 문장이다.

D ⑤
▶ ⑤ 운동 경기 이름 앞에는 관사를 붙이지
않는다.

E 1. A → The
2. A → The
3. man → the man
4. a → the
5. a dinner → dinner
6. the Seoul → Seoul
7. a → an
8. red ball → a red ball
9. English teacher → an English
teacher
10. a → an

Unit | 04 p.8

A 1. he 2. they 3. we
4. it 5. she 6. they
7. you 8. they 9. they
10. you
▶ 주격 인칭대명사는 대명사가 가리키는 사
람의 인칭과 성, 수에 따라 구분된다.

B 1. She 2. They 3. He
4. We 5. They

C ④

D 1. I 2. You 3. He
4. It 5. She

E 1. It 2. They 3. It
4. They 5. She

F 1.-c 2.-d
3.-a 4.-b

Unit | 05 p.10

A 1. Mine 2. ours 3. him
4. us 5. yours

B 1. her 2. his 3. her
4. his 5. them

C 1. My mom helps her.
2. Yours is blue.
3. These shoes are hers.
4. These are his cookies.

D ④
▶ ④ 'John은 그것을 원한다.'의 '그것을'에
해당하는 말이 와야 하므로 its대신 it의 목
적격 it이 와야 알맞다.

E 1. my 2. His 3. Their
4. Her 5. his 6. your

Unit | 06 p.12

A 1. That 2. That
3. These 4. These
▶ 가까이에 있는 것을 가리킬 때는 this를 쓰
고, 멀리에 있는 것을 가리킬 때는 that을
쓴다. this의 복수형은 these, that의 복수형
은 those이다.

B 1. Those 2. This
3. These 4. That

C 1. This 2. These
3. This 4. These

D ③
▶ ③ These는 가까이에 있는 두 개 이상의
물건을 가리키는 말이므로 복수동사 are가
오는 것이 알맞다.

E 1. This is 2. That bag
3. That is 4. These knives
5. These are 6. Those are
7. Those people

F 1. That is[That's] a soccer ball.
2. Those are my bags.
3. That is[That's] his watch.
4. This is a fun game.
5. These are her birthday gifts.

Unit | 07 p.14

A 1. is 2. are 3. is
4. are 5. is 6. are
7. is
▶ be동사의 형태는 주어의 인칭과 수에 따라
달라진다.

B 1. is 2. is 3. is
4. am 5. is 6. are

C 1. am 2. are 3. are
4. is 5. are

D ②

E ③
▶ ① Birds are on the tree. ② Pizza is my
favorite food. ④ The walls at my house
are brown. ⑤ The music is too loud!가
되어야 올바른 문장이다.

F 1. I am[I'm] sick.
2. It is[It's] a mirror.
3. They are[They're] my pictures.
4. She is[She's] really popular.
5. They are[They're] brave.

Unit | 08 p.16

A 1. is, ~에 있다 2. are, ~이다
3. is, ~하다 4. are, ~이다
5. is, ~하다 6. are, ~에 있다
7. is, ~이다 8. is, ~하다

9. is, ~하다   10. is, ~에 있다
▶ be동사는 뒤에 오는 말에 따라 '~이다', '~하다', '~에 있다'로 의미가 달라진다.

B 1. a police officer
2. next to the bank
3. red   4. heavy   5. very hot

C 1. ④   2. ③   3. ②

D 1. Coins are in her hand.
2. They are middle school students.
3. He is in the hospital.
4. Computer games are fun.

E 1. 그는 아프다.
2. 그녀는 정원에 있다.
3. 그는 나의 사촌이다.
4. 사과들은 테이블 위에 있다.

Unit | 09   p.18

A 1. is not   2. am not   3. are not
4. are not   5. is not   6. is not
7. is not   8. is not   9. are not
10. is not
▶ be동사의 부정문은 be동사 뒤에 not을 붙인다.

B 1. This is not[isn't] a mirror.
2. Mina and Sarah are not[aren't] friends.
3. The dogs are not[aren't] hungry.
4. We are not[We're not / We aren't] ready.
5. They are not[They're not / They aren't] in the classroom.

C 1. They are not my shoes.
2. The test is not difficult.
3. My bag is not in my room.
4. That is not my seat.
5. The students are not lazy.

Unit | 10   p.20

A 1. Is he smart?
2. Is it an answer?
3. Are you sleepy?

4. Am I wrong?
5. Are they in the playground?
▶ be동사의 의문문은 「be동사+주어 ~?」 형태로 쓴다.

B 1. Is Eva in class 5?
2. Is the book interesting?
3. Is your house on the 7th floor?
4. Is Alice sick?
5. Is your room clean?

C 1. Is he a doctor?
2. Are you hungry?
3. Is she sick?
4. Are those pens on the desk?
5. Is the game fun?

D 1. ④
▶ ① Is he a scientist? ② Is the idea good? ③ Is he in the bathroom? ⑤ Are your brothers tall?이 되어야 올바른 문장이다.
2. ⑤
▶ ① Is Jenny a new student? ② Are you hurt? ③ Is it in my pocket? ④ Is the book expensive? 또는 Are the books expensive?가 되어야 올바른 문장이다.

E 1. b   2. a

Unit | 11   p.22

A 1. It is six o'clock.
2. It is Friday.
3. It is November 26th.
4. It is too dark here.
5. It is rainy today.
▶ 시간, 요일, 날짜 등을 나타낼 때는 비인칭 주어 it을 써서 말하고 이때 it은 해석하지 않는다.

B 1. It is[It's] Monday.
2. It is[It's] noon.
3. It is[It's] Christmas.
4. It is[It's] sunny today.
5. It is[It's] cold outside.

C 1. It is[It's] Saturday.
2. It is[It's] clear and sunny.
3. It is[It's] far from here.
4. It is[It's] one o'clock.

5. It is[It's] windy.

6. It is[It's] August 20th.

D 1. ④   2. ②
  ▶ 1. ④는 '그것'을 나타내는 지시대명사로 쓰인 it이고 나머지는 비인칭주어로 쓰인 it이다. ②는 날씨를 나타내는 비인칭주어 it이고, 나머지는 지시대명사로 쓰인 it이다.

Unit | 12   p.24

A 1. Are   2. is not   3. There is
  4. is   5. is
  ▶ '~이 있다'라고 할 때 단수는 There is ~로, 복수는 There are ~라고 말한다.

B 1. There is a lot of sand on the beach.
  2. Are there cookies in the box?
  3. There is a cell phone on the bed.
  4. There are not cars on the road.
  5. Are there many people in the restaurant?
  6. There are not books here.
  7. Is there a problem?

C 1-b   2-c   3-a   4-d

D 1. ②, is   2. ②, are   3. ①, Is

E 1. ①   2. ③   3. ④
  ▶ 3. ② juice는 셀 수 없는 명사이므로 be동사로 are 대신 is가 와야 한다.

Unit | 13   p.26

A 1. ①   2. ②   3. ②   4. ②
  5. ②   6. ①   7. ②

B 1. like   2. gets   3. love
  4. sell   5. leaves

C 1. My brother watches TV every day.
  2. My father comes home early.
  3. She has big eyes.
  4. He lives in the city.

D 1. ①   2. ③   3. ⑤

E 1. ⑤   2. ②   3. ③   4. ③

  ▶ 1. 동사 want에 -s가 붙은 것으로 보아 주어는 3인칭 단수가 알맞다.
  2. ② My cousin은 3인칭 단수이므로 have 대신 has가 와야 한다.
  3. ③ She는 3인칭 단수이므로 speak 대신 speaks가 와야 한다.
  4. ③ You는 2인칭이므로 teaches 대신 teach가 와야 한다.

Unit | 14   p.28

A 1. don't   2. doesn't   3. don't
  4. don't   5. doesn't   6. don't
  7. doesn't
  ▶ 일반동사 현재형의 부정문은 「don't[doesn't]+동사원형」을 써서 만든다.

B 1. We do not[don't] have homework.
  2. Tom does not[doesn't] have a cell phone.
  3. Will does not[doesn't] make his lunch.
  4. I do not[don't] eat rice for breakfast.
  5. She does not[doesn't] like animals.
  6. Jake and Ann do not[don't] watch the TV show.
  7. They do not[don't] walk to school.

C 1. ③   2. ④
  ▶ 1. ③의 빈칸은 주어 She가 3인칭 단수이므로 doesn't가 알맞고 나머지는 don't가 알맞다.
  2. ④의 빈칸은 주어 You가 2인칭이므로 don't가 알맞고 나머지는 주어가 3인칭 단수이므로 doesn't가 알맞다.

D 1. ④   2. ③   3. ⑤   4. ③

Unit | 15   p.30

A ④
  ▶ ④의 빈칸은 주어 you가 2인칭이므로 Do가 알맞고, 나머지는 주어가 3인칭 단수이므로 Does가 알맞다.

B 1. Do, like   2. Does, have
    3. Do, eat   4. Do, wake
    5. Does, watch   6. Does, need

C 1. Does your brother often go to the movies?
    2. Does she go to this school?
    3. Does your mom drive a car?
    4. Do you like rainy days?
    5. Do they speak English?
    6. Does she have a brother?

D 1. ⑤   2. ③
   ▶ 2. ⑤ 주어가 he and she로 3인칭 복수이므로 Does 대신 Do가 알맞다.

Unit | **16**   p.32

A 1. strong   2. soft   3. easy
    4. old   5. hot   6. sour
    7. far   8. thin

B 1. ④   2. ③
   ▶ 1. smile은 '웃다, 미소 짓다'라는 뜻의 동사 또는 '웃음, 미소'라는 뜻의 명사로 쓰인다.
     2. sugar는 '설탕'이라는 뜻의 명사이다.

C 1. He is a kind person.
    2. The dolphin is a smart animal.
    3. That is a boring film.
    4. I sit at a round table.
    5. There is a big factory next to the bank.
   ▶ 형용사는 명사 앞에 쓰여 뒤에 오는 명사를 수식한다.

D 1. She has a large house.
    2. I have happy news.
    3. He asks difficult questions.
    4. That is a sad movie.
    5. That is a beautiful house.
    6. He likes quiet places.

E 1. ④ 그것은 네모난 상자이다.
    2. ④ 그는 유명한 가수이다.
    3. ④ 그것은 아주 재미있는 쇼이다.
    4. ③ 그녀는 가게에서 초록색 사과들을 산다.
    5. ① 열다섯 명의 학생들이 교실에 있다.

Unit | **17**   p.34

A 1. much   2. some   3. every
    4. many   5. any   6. All

B 1. All   2. Many   3. some
    4. any   5. every   6. much
   ▶ 1. 복수명사 apples와 함께 쓰였으므로 All이 알맞다.
     2. people은 person의 복수형으로 셀 수 있는 명사이므로 Many가 알맞다.
     3. 긍정문에서는 some이 알맞다.
     4. 부정문에서는 any가 알맞다.
     5. 단수명사 tree와 함께 쓰였으므로 every가 알맞다.
     6. honey는 셀 수 없는 명사이므로 much가 알맞다.

C 1. ①   2. ④

D 1. ①   2. ⑤
   ▶ 1. ① salt는 셀 수 없는 명사이므로 many 대신 much가 알맞다.

Unit | **18**   p.36

A 1. ☑ 3. ☑ 5. ☑
   ▶ 1의 well, 3의 really, 5의 very는 부사이다.

B 1. very, 형용사 수식
    2. honestly, 동사 수식
    3. early, 동사 수식
    4. really, 형용사 수식
    5. hard, 동사 수식

C 1. dangerously   2. important
    3. fast   4. quietly
    5. wonderful   6. beautifully
    7. hard
   ▶ 3. fast는 형용사와 부사의 형태가 같다.

D 1. O
    2. X, → happily
    3. X, → quickly
    4. O
    5. X, → safely
    6. O
    7. X, → fast

E ②

F ⑤

G ③

▶ 동사 sings를 수식하는 부사가 들어갈 자리이므로 형용사인 happy는 알맞지 않다.

Unit │ 19   p.38

A 1. never   2. always
    3. usually   4. sometimes
    5. often

B 1. ①   2. ①   3. ③
    4. ②   5. ②

▶ 빈도부사는 보통 조동사나 be동사 뒤, 일반동사 앞에 위치한다.

C 1. a   2. a   3. b   4. b

D 1. He never helps me.
    2. I will sometimes visit there.
    3. She always smiles.
    4. John often plays soccer.
    5. My room is usually clean.

Unit │ 20   p.40

A 1. at   2. in   3. on
    4. at   5. under   6. in
    7. in front of   8. on
    9. in   10. behind

B 1. in   2. on   3. in   4. at
    5. at   6. in   7. on   8. at

C ①

▶ 특정한 날 앞에는 전치사 on을 쓰고, 특정한 시각 또는 비교적 짧은 시간 앞에는 전치사 at을 쓴다. 월 앞에는 in을 쓴다.

D ③

▶ ③의 빈칸은 at이 알맞고 나머지 빈칸은 in이 알맞다.

memo ✎

memo ✎

memo

memo ✑